현대신서
305

아이들에게 설명하는
테러리즘

마리 클로드 그로

우강택 옮김

東 文 選

아이들에게 설명하는 테러리즘

악몽을 넘어서…

희망을!

Marie-Claude Grau

Le Terrorisme expliqué aux enfants

나의 손자 바네사, 알렉상드르, 라파엘에게.
나의 부모님과 세계의 모든 부모님에게,
나의 아이들과 세계의 모든 아이들에게,
평화와 사랑과 생명감이 넘치기를.

차   례

머리말 ——————————————————————— 9

부모들에게 보내는 편지 ———————————— 11

대화를 이끄는 방법 ————————————————— 13

아이들에게 보내는 편지 ———————————— 17

제1장 테러리즘 ———————————————— 20

제2장 전 쟁 ———————————————————— 32

제3장 폭 력 ———————————————————— 42

제4장 하느님과 신들에 대해서 —————— 60

제5장 삶 ——————————————————————— 76

제6장 용 서 ———————————————————— 100

후 기 ————————————————————————— 113

머리말

전쟁은 우리에게서 멀리, 아주 멀리 떨어져 있다. 텔레비전으로 방송되는 폭격당하는 나라들, 굶주린 고아들, 팔다리를 잃은 부모들, 다양한 연령의 죽은 이들의 모습들……. 이 모든 것은 우리를 감동시키지 않거나, 이젠 더 이상 우리를 감동시키지 않는다. 폭력은 공상과학 영화나 비디오 게임에 등장하는 추상적 형태를 띤다.

2001년 9월 11일, 서양의 귀염받고 자란 아이들은 부모들의 눈에서 공포를 보았다. 그후 그들은 한없이 불안하게 만들고 혼란에 빠뜨리는 논평들을 듣는다. 타인의 전쟁은 그들의 전쟁이 되었으며, 그것은 먼 나라들과 알려지지 않은 도시들의 경계선을 통과하여 그들의 거리, 집, 가정 안에 있다. 그들은 부모들이 대답하기 힘든 질문들을 던진다. 왜냐하면 부모들 자신이 모순된 감정에 빠져 있거나, 극단적인 입장에 놓여 있거나, 불안정한 미래에 직면하여 두려움에 사로잡혀 있기 때문이다.

전쟁, 테러리즘, 범죄, 비행기 납치라는 단어는 이제 자녀들, 세계 모든 아이들의 생활 전반에서 일부를 차지하며, 그들과 부모들에게 악몽의 대상이 되고 있다.

금기의 시대는 지나갔다. 용기를 내서 아이들이 현실을 직시하도록 현실 그대로 대답해야 하며, 그들의 마음속에 보다 나은 미래에 대한 희망을 간직하게 해주어야 한다.

이 책은 아이들에게 정치적이거나 종교적인 토론을 전개하지 않고, 현실 그대로 답해 주고자 한다. 편견은 없지만 냉정하게 씌어진 이 책은 그래도 각자가 자신의 모습을 발견하고 긍정적인 행동으로 향하기를 바란다.

나는 이 글이 부모들에게는 어떤 충고가, 미래의 세계를 건설할 아이들에게는 힘이 되기를 바란다.

부모들에게 보내는 편지

어머니이자 할머니며 심리학자로서, 저는 세계적 사건들 앞에서 무기력한 모든 부모들과 마찬가지입니다. 저는 이 책을 아이들과 부모들의 질문에 직면하여, 제가 가진 지식의 정수로 썼습니다. 이 책이 어떤 궁금증에든 척척 답해 주는 해결책이길 바라지 않으며, 오히려 부모와 아이들이 함께 숙고하는 데 도움이 되는 안내서이길 바랍니다.

2001년 9월 11일, 여러분의 자녀는 당신의 눈에서 공포와 분노와 이해 부족을 알아차렸습니다. 그때까지는 평온했었던 그의 세계가 뒤집혔습니다. 당신이 불안해함으로써 그의 안전과 어른에 대한 신뢰가 타격을 입었습니다. 어른의 전능(全能)이 흔들렸습니다. 여러분의 아이는 무엇이 자신을 기다리고 있는지, 어째서 자신의 삶과 미래가 단숨에 위태로워졌는지 알고 싶어합니다. 그는 또한 위협적인 세계에서 어떻게 자신을 지키며 살아남을 것인지 생각해 봅니다.

우리의 전쟁이든 타인의 전쟁이든, 전쟁과 폭력에 대해서 말하는 것은 쉽지 않습니다. 좀더 평온한 상황에서는 보다 뉘앙스를 띠고 윤리적일 수 있을 우리의 이론이 깊이 느낀 감정들에 사로잡힙니다. 거리낌 없는 태도로 그것에 대해 말하는 것이 반드시 더 좋다고 말할 수 없습니다. 왜냐하면 아이가 살아남는 것이 중요하기 때문입니다. 부모들은 있는 그대로의 사실들을 말해야 하고, 자신들이 체험한 그대로의 감정들을 표현해야 합니다.

당신은 자녀를 보호하고 그의 삶을 수월하게 해주기를 바라며, 이를 위해 자녀에게 전해지길 바라는 세계의 긍정적인 모습을 퇴색시킬 수 있는 너무 가혹하거나 추한 어떤 진리들을 숨기려고 할 것입니다. 물론 그러한 것은 자연스럽지만, 당신의 자녀 또한 세계적 사건들에 관련되어 있습니다. 만약 아이가 토론할 때나 텔레비전 뉴스 시간 때 동석하기를 바란다면, 그에게 자리를 마련해 주는 것이 중요합니다. 아이가 질문하면, 그는 자신이 살아가게끔 운명지어진 이 세계에 대한 정확한 인식을 갖기 위한 분명한 대답을 필요로 합니다.

주변 환경에 적응한 어른이 되기 위해서는, 아이들은 우리가 바라는 세계가 아니라 있는 그대로의 세계에서 변화해 가는 법을 배워야 합니다. 우리 부모들은 자녀가 현대적 관심사인 사회 문제를 의식하고, 세계적 규모의 변화들에 협력할 인간의 가치와 태도를 정의하는 데 도움이 되어야만 합니다. 아마 이러한 노력이 현대적 관심사인 폭력과 불관용의 경향을 무너뜨릴 가능성을 우리의 아이들에게 주는 유일한 방법일 것입니다. 저는 여러분을 믿습니다. 자녀에 대한 부모의 애정이 당신의 생각에 뉘앙스를 줄 것이고, 당신의 말을 인도할 것입니다.

대화를 이끄는 방법

자녀의 질문에 대답하기 위해서는 시간적인 여유가 필요합니다. 언제든지 들어 줄 수 있는 것이 중요합니다. 모든 종류의 감정이나 고백이 일시에 나타날 수 있고, 현존하거나 오래 전의 고통이 떠오를 수 있습니다. 만약 아이가 초조감이나 시간의 부족을 느낀다면, 그는 마음속을 털어놓지 않을 것입니다. 대답들은 불모의 땅에 헛되이 떨어질 것입니다. 아이가 하는 모든 질문이 어른에게는 대수롭지 않더라도 그에게는 중요합니다. 그 질문에는 불안과 공포, 이해하고 알고 싶은 욕망이 담겨 있습니다. 자녀가 하는 모든 질문에 대해서, 부모는 그것에 대한 대답 이외에 그러한 질문이 초래하는 감정들을 아이에게서 확인하고, 그에게 알려 주는 것 이외에 우선 안심시키고 위로해 주어야 합니다. 부모는 언제 어느 때라도 신뢰와 애정, 상호 존중의 분위기에서 도움과 위로를 보장해야 합니다.

답변은 자녀의 연령에 적합해야 합니다. 아주 나어린 아이는 긴 대화를 소화할 수 없지만, 좀더 자란 아이는 보다 자세히 알고, 토론하고, 논쟁하고 싶어할 것입니다.

대답들은 분별력이 있어야 하며, 자녀의 경험과 일치해야 합니다. 일상 생활에서 끌어낸 실례들은 보다 추상적이고 이론적인 개념들을 아이가 소화 흡수하도록 도울 것입니다. 그러한 실례들은 아이에게 죄의식을 갖게 함이 없이 그를 감동시킬 것입니다.

반복하고, 이미 표명된 견해를 다시 밝히고, 새로운 실례 들기를 주저하지 마세요. 아이들은 소화 흡수하는 데 시간이 필요하며, 같은 것을 여러 번 질문할 수 있습니다. 참고 기다리세요.

어린아이는 자신이 느낀 것을 표현하는 데 필요한 말들을 항상 가지고 있지는 않습니다; 그래서 게임이나 그림과 같은 기호 체계를 거칩니다.

주의 깊게 관찰하세요. 자녀가 게임을 하거나, 그림 그리는 모습을 바라보세요. 그가 게임 전술이나 색깔들을 통해서 표현하는 호전성과 난폭함에서 공포와 불안을 분간해야 합니다. 게임과 그림의 의미를 확인하세요. 자녀가 말하도록 하세요. 아이가 자신을 평가하거나 비난함이 없이 의사 표시를 하게 하세요. 아이의 감정이나 그것을 표현하는 방법에 대해 과소평가하지 마세요. 마음과 정신을 열어둔 채 기다리세요.

자녀가 또 다른 문제로 넘어가면, 아이의 리듬을 존중하세요. 당신의 대답들이 그를 만족시켰으며, 현재로서는 그 정도로 만족한다는 충분함을 나타내는 것입니다. 아이가 보충 설명이 필요하다고 생각되면 그 스스로 물어 올 것입니다.

하나의 평면구형도(平面球形圖)를 만들어 보세요. 그러면 자녀는 실제 문제와 지리를 동시에 알게 될 것입니다.

부모는 세계적 사건들에 직면하여 스스로 강한 충격을 받을 수 있습니다. 자녀의 질문들이 상처를 헤집고, 말하기가 괴로울 수 있는 과거의 고통과 분노를 다시 불러일으킬 수 있습니다. 그러나 그렇게 하는 것이 아마도 진정으로 마음을 털어놓고, 오래된 고통과 상처에서 해방되는 기회입니다.

아이들은 또한 가족사를 알아서 자신들이 체험한 일을 뿌리내리게 하고 싶어하며, 가족의 긴 시간 여행들 속으로 따라가고 싶어합니다.

대체로 파란 많은 그러한 여행들 중에는 악천후와 고통만이 있었던 것은 아닙니다. 용기와 기개와 희망도 있었으며, 일화가 많은 그러한 삶이 당신에게 질문하는 자녀의 마음속에 남아 있어야 합니다.

질문을 회피하기보다는 오히려 "나는 모른다, 나는 생각한다, 나는 확신하지 못한다, 나는 너무 큰 충격을 받았다"라고 용기 내서 말하세요. 당신은 아이에게 같이 생각해 보자고 말할 수 있으며, 가족의 다른 일원들과 함께 공공연하게 토론하고 생각해 본 후에 다시 거론할 수 있습니다. 대중 매체에서든 가족의 내부에서든, 밖에서 들리는 다른 의견이나 반대 입장의 표명에 영향을 받을까봐 지나치게 걱정하지 마세요. 아이는 본보기를 통해, 추론을 통해, 경험을 통해 배우게 됩니다.

토론이 상호 존중하에 이루어진다면 아이를 혼란에 빠뜨리지 않습니다. 자연스럽게 자녀는 사람마다 생각이 다를 수 있으며, 각자 하나의 견해를 표명하고 그것에 대해 토론할 권리가 있음을 배우게 됩니다. 아이는 혼자서 깊이 생각하고, 자기 의견을 갖게 될 것입니다.

아이들은 어른의 말보다는 행동에 더 많은 가치를 부여하며, 둘 사이에 존재하는 일관성에 부응하여 자신들의 신뢰를 쌓아올립니다. 당신은 지킬 수 있는 약속만 하고, 그렇지 않으면 삼가세요.

솔직과 정직은 지속적인 인간 관계의 토대입니다. 아이는 우리가 생각하는 것보다 훨씬 더 이해를 잘합니다. 자녀가 부모를 전적으로 신뢰하는 것처럼 부모 또한 자녀를 신뢰해야 합니다.

아이들에게 보내는 편지

사랑하는 아이야, 안녕.

나는 밤마다 침대 속에 누운 너를 상상한단다: 불빛은 꺼져 있고, 방의 벽에는 달빛과 공모한 그림자 연극이 너에게 무서움을 주는 놀이를 하고 있다.

저기, 한 명의 마녀가 있다; 여기에는, 위협하는 한 마리의 용이 있다: 모두들 네가 도망치거나 싸우고 싶은 악마들이거나 손에 잡히지 않는 두려움의 대상이다. 그러한 것들은 네가 읽는 동화들, 이따금 네가 열광하는 전사(戰士)들이 등장하는 비디오 게임들, 일상 생활의 사건들, 부모님이나 고민에 빠진 어른들이 낮은 목소리로 나누는 대화들과 같아 보인다.

하늘에 무엇인가 괴상한 것이 떠 있으면, 너는 불안해한다.

네가 그렇게 느끼는 것은 당연하다. 어른들의 세계는 거칠단다. 비디오 게임들의 시나리오는 이따금 어른들의 광기로 인하여 구체화되지. 지구는 불타고, 너의 영웅 해리 포터처럼 너는 매우 무력함을 느낀다.

　이 책은 현재의 세계, 전쟁, 테러 행위, 폭력, 하나님, 너의 미래, 너의 꿈, 너의 희망, 너의 재능, 애정을 갖고 세상을 다시 만들 수 있는 너의 능력에 대해 너 스스로 던지는 질문들에 대답하고자 한다. 그렇다고 해도 모든 것에 답을 주지는 않는단다. 조금씩 숙고에 숙고를 거듭하면서 너는 너 자신의 생각을 갖게 될 것이며, 분별 있고 일관적이며 인생의 다른 상황으로까지 확대된 생각의 중요성을 의식하게 될 것이다. 네 주위에 있는 어른들에게 질문하고, 친구들과 공동의 관심사를 나누어 가지기를 주저하지 마라. 너희들은 함께 해결책을 찾아 낼 것이다.

　너는 세계를 다스리는 사람들을 단지 어느 정도만 신뢰할 수 있다. 그러나 부모님은 신뢰할 수 있다. 너는 특히 스스로 확고한 정신과 심오한 인간적 가치를 만들어 내면서 너 자신과 세계의 미래를 준비할 수 있다.

　나는 너를 믿는다. 너는 이 세계를 건설해야 하는 장인(匠人)이다. 그때를 기다리면서 웃고 즐기며 꿈꾸고 너의 인생에서 아름답고 좋은 것, 특히 부모님과 친구들의 애정을 누려라.

　즐거운 독서가 되기를!

Xavier

제1장

테러리즘

텔레비전의 화면들은 1백번째로 환각을 일으키는 시나리오 하나를 다른 각도들에서 비춘다. 한 대의 비행기가 뉴욕에 있는 세계무역센터의 두 고층 빌딩들 중 하나를 꿰뚫고 들어가고, 이어서 다른 고층 빌딩은 화염에 휩싸이며 짙은 검은 연기 속에서 카드로 세운 성처럼 한꺼번에 와르르 무너진다. 비명 소리와 요란한 사이렌 소리가 들린다. 손을 맞잡은 한 쌍의 남녀가 허공 속으로 몸을 날린다.

응접실에서 작은 목소리가 들려온다:

Q 아이: 저 사람들은 남편과 아내겠지요?

부모: 글쎄…… 아마도 저들은 죽음 앞에서 공포에 사로잡

힌, 서로를 위로하는 친구들이거나 직장 동료들일 거야.

Q 그들은 어째서 창 밖으로 뛰어내리죠? 곧 자신들이 죽게 되리라는 것을 잘 알 텐데요……,

공포스러운 상황 속에서, 그들은 선택해야 함을 자각하고 있지. 한쪽에는 불이 있고 다른 한쪽에는 허공이 있는 사이에서, 그들은 스스로 죽음을 선택해야 함을 자각하고 있는 거란다.

Q 그런데 비행기는 어째서 고층 빌딩들을 향해 돌진했죠? 그것은 사고인가요?

아니, 사고가 아니란다. 그것은 테러 행위야. 끔찍한 일이지!

Q 조종사가 고의로 그랬다고 생각하세요?

비행기에는 자폭을 각오한 카미카제 테러리스트들이 탑승해 있었어. 그들은 승무원들을 공격하였고, 비행기를 고층 빌딩들 쪽으로 돌리기 위해 조종사들의 자리를 차지하였단다.

Q 카미카제 조종사란 어떤 사람이죠?

그는 한 가지 이유를 위해 다른 사람들을 죽음으로 몰아넣으면서 자신도 죽기로 결심한 어떤 사람이란다. 제2차 세계대전 당시 일본의 카미카제 특공기의 조종사들은 폭발물로 가득찬 비행기와 함께 대상이 된 군사 목표물에 부딪쳐 산산조각이 났었지. 그 외로운 조종사들은 조국을 위해 자신의 생명을 바치는 것을 수락하였단다. 오늘날 비행기 납치들은 많은 희생자를 낳았고, 그날은 가족과 친구들, 국민 전체에게 큰 슬픔의 날이지. 그러한 테러 행위의 결과들은 아마도 테러 행위 그 자체만큼이나 처참할 거야.

Q 어째서죠?

왜냐하면 폭력은 다만 폭력을 낳기 때문이란다.

Q 그들은 왜 그런 행동을 하지요?

글쎄, 정확히는 모르지만…… 그 일을 이해하기 위해서는 시간을 거슬러 올라가 봐야겠지. 알다시피 모든 사건은 다른 사건과 연관되어 있으며, 그 자신은 다른 사람과 연관되어 있고, 나머지도 그렇단다. 조종사들, 테러리스트들, 고층 빌딩들, 사람들은 겉으로는 아무런 관련이 없어 보여도 실은 밀접하게 연관되어 있어.

Q 그러나 저 모든 사람들은 서로 모르는 사이지요?

그래.

Q 그들은 테러리스트들에게 나쁜 짓을 하지 않았죠?

그래, 비행기에 탑승한 승객들은 테러리스트들에게 나쁜 짓을 하지도 않았고, 테러 행위 또한 고층 빌딩들이나 비행기 승객들을 대상으로 한 것이 아니라 고층 빌딩들이 나타내는 상징에 가하여졌다고 말할 수 있단다. 희생자들은 불행하게도 그 위험한 장소에 그 시간에 있었던 것일 뿐.

Q 상징이 뭐예요?

상징이란 어떤 물건이 실제 있는 그대로의 것이 아니라, 누군가에게 구체적인 사실로 받아들여지는 어떤 의미를 말한단다. 예를 들어 너의 동급생 중 하나가 네가 갖고 싶어하는 모든 것 외에도 멋진 게임기와 최신 컴퓨터가 있는 굉장히 아름다운 방을 소유하고 있다면, 그 방은 너의 친구와 그의 가족의 부(富)를, 그들의 사회적 지위를 상징하게 된단다.

Q 테러리스트들은 왜 부유한 사람들이 존재하는 걸 싫어하죠?

부(富)는 상대적인 거야. 만일 네가 자신을 친구와 비교한다면 너는 가난하다고 생각할 수 있지만, 네가 자신을 집 없는 사람들과 비교한다면 너는 부자인 거지. 우리는 발전한 나라에 살고 있지만, 우리 나라에는 매우 가난한 사람들도 존재한단다. 아이들은 아침 식사도 거른 채 학교에 가지만, 점심 식사까지도 지참하지 못할 때가 많지. 부모들은 직장이 없으며, 가족이 필요로 하는 것을 적당하게 마련해 주기 위한 충분한 소득이 없어. 거지들은 거리를 방황하고. 그렇지만 우리는 극빈자들을 돕는 사회 부조, 실업 보험, 가족 수당, 무료 건강 진료, 학교 등의 사회적 대책들을 마련해 두고 있단다. 대부분의 나라들에는 이러한 제도가 전혀 없어. 실직자들은 소득이 없으며, 직장을 가지고 있는 사람들도 겨우 생계를 유지할 정도의 벌이밖에 되지 않지. 오로지 구걸하고 쓰레기통을 뒤지면서 먹고 살아가는 아이들과 가족들이 존재해. 아이들은 학교에 가지 않지; 그들은 자주 학대당하고 매를 맞으며, 착취의 대상이 되고, 심지어 팔려 간단다. 끝없는 폭력 관계 속에서, 비참은 반항을 낳고, 반항은 폭력을 낳는 거야.

Q 왜 그런 일이 생기나요?

설명하기가 복잡하구나. 현대 사회에서는 돈이 인생의 주된 목표가 되었단다. 힘, 영향력, 물질적인 행복과 권력에의 자각을 주는 것은 돈이다. 이러한 사실은 개인들에게도, 세계적 규모의 국가들에도 해당되지. 개인들의 생활 수준도 재산과 부(富), 살아가는 방법, 국가간의 관계와 관련된 문제라고 말할 수 있어. 국가간의 관계는 불평등하단다. 어떤 나라들은 부유하고, 많은 힘과 영향력을 소유하고 있지만, 그러한 것을 더 갖고 싶어하지. 각 국가뿐만 아니라 공식적인 정부 안에는, 그 정부에 영향력을 행사하는 부(富)와 힘을 가진 이들이 존재한단다. 그들은 국민을 희생시키면서도 돈과 특권·특혜들을 바치면서 지도자들에게 영향력을 행사하곤 해. 이러한 것을 소위 '부패'라고 부른단다. 어떤 국민들은 자신들을 억압하기 위해 힘을 사용하는 정부에 복종하며, 이것은 비참한 상황들이 야기하는 모든 사회 문제들과 더불어 가난으로 고통받는 사람들을 세계 도처에 존재하게 만드는 원인이 되고 있어.

Q 어떤 사회 문제들에 대해서 말하는 거죠?

영양 부족은 육체적 건강 문제와 아울러 죽음에 이르게 하는 영양 실조를 야기한단다. 우리 몸은 점점 더 허약해지고, 각종 질병에 걸리게 돼. 사람들은 유행병·전염병으로부터 자신을 지킬 수단을 가지고 있지 않아. 병자들은 건강 진료비와 약값을 지불할 돈이 없어서 치료를 받지 못하지. 가난은 약간의 돈을 벌게 해주는 매춘을 낳는다. 그러나 매춘은 세계 도처에서, 특히 아프리카에서는 완전한 재앙인 에이즈와 같은 성접촉을 통해 전염되는 병들을 초래한단다. 매춘과 더불어 마약·도둑질·강도질 등의 문제들이 존재하지. 매춘과 마약의 피해자들은 대부분 젊은이들이야. 그들은 학교에 가지 않으며, 거리의 방탕한 모임에서 스스로 벗어날 수 없게 돼. 보다시피 이러한 것은 참담한 결과를 낳는 끝없는 사슬이란다.

Q 이 모두가 부당해요.

현대 사회에는 많은 부정, 사회적 불평등, 월권 행위들이 존재하지. 모든 상황을 고려하고, 정의로운 것과 정의롭지 못한 것을 구분하기란 힘든 일이란다. 유일한 정의는 모든 것에 대한 공정함인데, 이는 대단한 열의를 가지고서도 얻기 힘든 것이야. 힘에 대한 갈망, 지나친 이익과 불관용은 전쟁과 테러리즘으로 이르게 하는 폭력의 씨앗들이 된다. 뉴욕의 테러 행위는 많은 희생자들을 낳았어. 정치적 혹은 종교적 이념에 따라 소속된 집단의 영향을 받은 카미카제 비행사들은, 자살 테러 행위가 경우에 따라서는 세계 정치계의 흐름을 자신들에게 유리한 방향으로 바꿀 수 있을 거라고 생각하지.

Q 그들은 자신들이 가진 사상의 이름으로 자살하나요?

말하자면 그렇다. 전세계에는, 특히 팔레스타인에서는 많은 자살 테러 행위들이 일어나고 있어. 그 사람들은 권리와 자유·자치를 요구하고, 이를 지키기 위해 목숨을 바치며, 압제와 다른 생활 방식, 그리고 부당한 것으로 간주되는 권력을 상징하는 다른 사람들을 죽음으로 이끈단다.

Q 그렇다면 그들의 눈에 고층 빌딩들은 부당함을 상징하나요?

그것들은 어떤 권력이나 돈·영향력을 가지고 있지 않아서, 공포와 폭력·가난·기근 속에서 살면서도 굴복하지 않을 수 없는 나라들을 돌보지 않는 어떤 나라의 돈과 권력·세계에 대한 영향력을 상징하였단다.

Q 그러면 그들의 행위가 모두 정당하다고 생각하세요?

아니, 정당한 행위는 요구하고 압력을 가하는 것이지, 테러리즘을 이용하고 사람들을 죽이는 것이 아니야. 우리는 모두가 다른 국가들이 행사하는 권력의 남용과 그에 따른 분쟁 관계의 피해자들인 것처럼 테러리즘 행위의 피해자들이지.

Q 테러리즘이란 정확히 무얼 말하는 건가요?

테러리즘은 '아주 무섭게 하는 것, 굉장한 공포를 불러일으키는 것'을 의미한단다. 이것은 1789년에 일어난 프랑스 대혁명의 뒤를 이었던 시기, 즉 1793년 혁명 정부에 의해 세워진 '공포 정치'라고 불리는 시기에서 유래한 말이란다. 테러리스트들은 공식적인 정부가 자신들에게 부여하기를 원하지 않거나, 부여할 수 없는 권리와 권력을 폭력을 통해 요구하기 위하여 모인 사람들이야. 처음에는 갈등과 시도한 행위들이 온건한 경건함이었지만 갈등이 커질수록 폭력은 증가하는 경향을 보인단다.

Q 테러리즘 집단들에 대해 알고 계세요?

그래…… 몇몇의 테러리즘 집단들을 알고 있어. 다양한 종류의 테러리즘 집단들이 존재하지. 독립이나 더 많은 자치를 요구하는 정치 분야의 집단들이 있는 반면에, 자유나 종교권을 요구하는 다른 분야의 집단들이 있어. 오토바이족들이나 마약·매춘과 도박을 관리하는 조직화된 일당들처럼 범죄 분야의 또 다른 집단들도 있고 말야.

Q 어째서 그들을 체포하지 않죠?

그렇게 간단하지가 않아. 정부는 법을 만들고, 조직화된 범죄 집단의 지도자들을 재판하려고 했지만, 이들 지도자들은 알리바이를 사전에 준비시켜 놓는단다. 그들을 현장범으로 체포하기는 어려우며, 우리 나라의 법은 용의자에게 형을 언도하기 위해서는 구체적인 증거가 필요하단다.

Q 그러면 테러리스트들에게는 어떤 일이 일어나죠?

범죄자들은 자살 테러 행위를 수행하다 죽게 되지. 테러리즘 집단의 지도자들은 알려져 있지만 테러 행위들에 직접적으로 가담하지 않는데, 이러한 점이 그들의 체포를 어렵게 하는 요인이야. 게다가 테러 행위들은 일반적으로 모든 나라에서 비난을 받지만, 요구 사항들은 흔히 정당화되고 전 세계의 수많은 권리와 자유를 쟁취하기 위한 투사들의 지지를 얻는단다. 여러 가지 이해 관계들, 예를 들면 정치적이고 재정적인 이해 관계들이 테러뿐만 아니라 보복 테러에도 도움이 되곤 해. 그래서 테러리즘 집단의 지도자들은 흔히 반대파 집단이나 정부의 비밀 기관에 의해 또 다른 테러 행위들을 수행하다가 죽음을 당하는데, 이러한 점이 그들에 대한 장기간의 복잡한 소송을 피하게 하는 요인이란다.

Q 어째서 정부는 국민에게 친절하지 않죠?

너는 어려운 질문을 하는구나. 정부가 있고, 정부에 **영향력을 행사하는** 사람들, 즉 세상에서 가장 부유하면서도 여전히 더 부유해지고 싶은 사람들이 있단다. 어떤 사람들은 석유와 같은 세계적 자원의 독점권을 갖고 있으며, 다른 사람들은 공장을 세우고 현대 생활에 꼭 필요한 제품들을 만들지. 정부는 천연 자원이 국가의 부(富)와 국민의 생활 개선을 증진시키는 데 기여함에 따라 그들을 필요로 하게 돼. 그리고 이들 기업은 일자리를 제공하는 대가로 힘을 갖게 되며, 결과적으로 직원들의 임금과 노동 조건에 대한 많은 협상권을 소유하게 되지. 그리고 이러한 현상은 전 세계 어디나 마찬가지라고 볼 수 있어. 이들 기업에게는 사회적 불평등을 유지하는 것이 이롭단다. 이들이 정부에 영향력을 행사하는, 소위 '다국적 기업'이라 불리는 집단이란다.

Q 그렇지만 권력을 가지고 있는 것은 정부예요: 경찰 · 법 등이 있잖아요……,

그래, 하지만 그렇게 간단하지가 않단다. 물론 정부 지도자들은 권력을 소유하고 있지만, 이들 다국적 기업과 타협해야만 해. 법은 나라마다 다르며, 이 거대 기업들은 그러한 법을 이용하여 제조 공장들을 더 가난하고, 임금과 공해 퇴치 · 노동 조건 등의 면에서 덜 까다로운 나라들로 옮기겠다고 위협하거든. 그러므로 정부는 일자리를 지키기 위해서 이들 기업과 협상해야만 되는 거야. 만일 어떤 공장이 문을 닫으면 노동자들은 일자리를 잃고, 결국 모두 가난하게 되지. 게다가 어떤 지도자들은 권력을 국민의 행복을 위해서 매번 행사하지는 않는단다: 그들은 자신이 혜택을 누리기 위해서 지위와 영향력을 이용하지……,

Q 결국 정부는 국민을 위해서 일하지 않는다는 말인가요?

항상 그런 것은 아니란다. 어떤 정부는 힘에 의해 권력을 쥐게 되는데, 이를 소위 '독재'라고 말하지. 이러한 정부는 국민을 위협하고 공포 속에 빠뜨리는 군대와 경찰의 보호를 받아. 국민의 선택에 의해 조직된 정부도 있지만, 지도자들의 부패가 발생하기도 해. 모든 것은 통치자들의 동기에 달려 있는 거야. 불행하게도, 그들의 동기가 항상 숭고하지는 않아. 국민에게 봉사한다는 것은 그들의 요구에 민감히 반응하고, 자원을 그들과 공유하며, 그들의 행복을 확보하기 위하여 될 수 있는 대로 잘 협상하는 것을 의미한단다.

Q 집에서처럼 말이죠?

조금은 그렇다고 볼 수 있구나. 하나의 정부는 하나의 대가족과 같단다. 만일 부모가 가족 전부의 행복을 위해서 일한다면, 가족은 모두 자신들이 필요로 하는 것을 가질 수 있게 되지. 가족 각자가 **바라는** 전부를 소유할 수는 없다 하더라도, 부모의 능력이 허락하는 범위 안에서 가족 모두의 행복에 꼭 필요한 모든 것은 가질 수 있게 될 거야.

Q 제 생각엔 통치란 매우 복잡한 것 같아요.

실제로 그것은 복잡하단다. 공정해야 하고, 모든 문제되는 요소들을 고려해야 하며, 다른 국가들에 방해됨이 없이 자신의 국가를 위해서 될 수 있는 대로 잘 일해야 하거든. 이 일은 수준 높은 인격과 많은 겸손을 필요로 해. 국민의 뜻에 맞게 봉사하는 지도자들이 있지; 어떤 지도자들은 거만에 잠겨 있어.

제2장

전 쟁

"어린 왕자들이시여, 당신들간에 일어난 싸움을
해결지으세요: 왕들에게 도움을 청한다면 당신들은
정말로 미친 사람들일 것입니다. 절대로 그들을 당
신들간에 일어난 싸움에 끌어넣지 말아야 하며, 당
신들의 영토에 그들을 들어오게도 하지 말아야 합
니다."

—라 퐁텐, 〈정원사와 그의 영주〉

텔레비전의 화면들이 비행기 폭격의 먼지로 덮여 있다.

하나의 질문이 격렬한 폭발음 너머로 들려온다:

Q 우리가 전쟁을 할 거라고 생각하세요?

전쟁은 이미 여기에 있어; 누군가가 자신은 옳고 다른 사람
은 그르다고 결정하자마자 전쟁은 우리들 각자의 마음과 머릿
속에 이미 시작된 것이란다. 지금 세계의 모든 아이들은 공포

와 전쟁·부정을 알고 있어. 뉴욕에서 테러 행위가 일어나기 전에는 전쟁이 우리에게서, 너에게서 멀리 떨어져 있었지만, 팔레스타인·이스라엘·보스니아·아일랜드·아프리카·티베트·아시아, 그리고 세계의 다른 많은 장소들에서는 아이들이 훨씬 더 위험한 상황들을 겪고 있단다: 그들은 매일 폭탄을 인식하고 살며, 그들의 집은 파괴되었고, 형제자매와 부모·친구들은 죽었거나 대인 지뢰에 의해 팔다리가 잘렸다. 그들에게는 뉴욕의 고층 빌딩들이 멀리 떨어져 있지만, 우리에게는 그 모든 상황들이 그들처럼 멀리 떨어져 있지. 하지만 우리가 하나로 맺어지게 되는 것은 같은 이유, 같은 부정, 같은 공포, 같은 불안에 의해서이다. 많은 사람들은 자신들이 이해할 수 없는 이유들로 죽는다. 우리는 모두 미래의 고통과 공포 속에서 하나가 되는 형제들이다. 그렇지만 우리는 모두 평화롭게 살기를 바란단다.

Q 그런데 폭탄들과 함께 전쟁은 우리 집을 파괴할까요? 엄마 아빠뿐만 아니라 저 또한 죽게 될까요?

아니, 전쟁은 우리에게서 멀리 떨어져 있어. 나는 어떤 낯선 나라가 우리에게 선전 포고를 하리라고는 생각지 않는단다. 현재 너는 그러한 가능성을 염려할 필요가 없어. 반대로 테러리즘 행위는 배제되지 않으며, 그것으로부터 자신을 지키는 방법을 배우는 편이 좋겠구나.

Q 제가 어떻게 해야 하죠?

테러 행위로부터 자신을 지키는 좋은 방법은, 거리에서 발견된 꾸러미는 절대로 줍지 말고 경찰을 부르는 거야. 위험 없이 수상쩍은 꾸러미들을 여는 전문가들이 있으니까. 특히 역이나 공항, 공공 장소들에서는 더욱이 그렇게 해야 된단다. 일단 이러한 방침을 세우고 나면, 너는 불안 없이 계속해서 놀 수가 있을 거야.

Q 그래도 이러한 말들을 듣고 나니 불안한걸요!

물론 그렇겠지. 그러나 이러한 상황을 받아들여야 하며, 삶은 계속되어야 한단다. 현재로서는 나는 너에게 전쟁의 위험 따윈 없다고 단언하지만, 만일 그러한 일이 일어난다면 그때 가서 다시 말할 수 있겠지. 인생은 중요하며, 테러 행위가 그것을 더욱더 귀하게 만드는구나. 너 자신을 지키는 최상의 방법은 살아가는 법을 배우는 것이야. 항상 올바르고 성실하며, 너의 꿈을 추구하고 매순간을 유익하게 이용하렴. 내일은 좀더 나을 거라고 생각하면서 너의 인생이 아름답도록 최선을 다하면 돼.

Q 어째서 전쟁이 있는 거지요? 그리고 사람들은 왜 자기 나라에서 평화로이 살 수가 없죠?

거기에는 여러 가지 이유들이 있고, 다양한 형태의 전쟁이 존재한단다. 하나의 영토와 그곳에 있는 재산을 병합하는 것을 목표로 삼는 전쟁들이 있어. 힘으로 정권을 압도하여 기존의 정부를 무너뜨리고 새로운 정부로 대체하고자 하는 무력 충돌도 있고. 자신들의 신앙과 세계에 대한 비전을 다른 사람들에게 강요하여 종교 전쟁이 발생하기도 해. 이 모든 전쟁들은 무장화되어 있으며, 전쟁에서 이기는 사람은 권력과 영토·이익을 동시에 얻게 되지. 승리자는 자신의 법과 의지를 패배자들에게 강요하는데, 이러한 점이 빠르건 늦건 간에 저항을 불러오는 요인이 되는 거란다. 각 정당이 민주국가에서는 선거를 통해, 독재가 계속되는 나라에서는 힘을 통해 권력을 잡기 위하여 선전 활동을 벌여 당원의 수를 늘리려고 하는 이데올로기간의 전쟁이 발생하지. 이러한 다른 이데올로기들은 혁명과 전쟁·테러리즘으로 이를 수도 있어.

Q 시장 전쟁이란 무엇이죠?

그것은 소비자들의 수를 증가시키는 것을 목표로 삼는 상업 전쟁이지. 이러한 가격 전쟁은 여러 차원에서 벌어지는데, 진정으로 어떠한 전쟁도 위험하지 않는 것이 없단다. 알다시피 우리는 어떤 제품에 대해서 할인해 주는 가게들의 광고물을 규칙적으로 받아. 우리는 가격을 비교해 보고, 가장 싼 곳에 가서 물건을 구입하지. 이러한 것이 제1차원의 시장 전쟁이야. 이러한 것은 소비자에게는 도움이 되는데, 왜냐하면 그는 가격을 비교하고 절약할 수가 있기 때문이지. 반대로 이러한 광고물들은 소비를 촉진시켜서, 다른 때라면 너를 유혹하지 않았을 제품들을 구입하도록 부추길 수도 있단다. 그러므로 이러한 함정에 빠지지 않기 위해서는 우리의 생활에 실제로 필요한 제품들에 직면하여 매우 주의 깊어야 해.

Q 그런데 다른 차원의 시장 전쟁들은 무엇으로 이루어
져 있나요?

소비자가 상표를 바꾸도록 하기 위해서, 다른 제품은 제쳐
두고 특정 제품만 찬양하는 광고물이 있단다. 이어 세계적인
차원에서는, 외국과 가격을 협상하는 다국적 기업들이 있어.
이들 기업은 직원들의 급여와 노동 조건을 결정하고, 가격의
상승이나 하락을 불러일으키며, 정부에 영향력을 행사하지. 이
모든 전쟁들은 잡화점 안에 있는 상품의 광고와 가격 결정에
영향을 미치며, 우리 나라에서의 생활비와 밀접하게 관련된단
다. 보다시피 이러한 전쟁들은 위험하지 않는 것이 없으며, 심
지어 어느 정도는 가난한 나라들의 빈곤과 비참에 기여한다고
말할 수 있어.

Q 제가 듣기론 아이들도 무기를 들고 서로 싸운다던데
요; 그것이 사실인가요?

불행하게도 사실이다. 한 아이를 한편으로 끌어들여 그에게
자신이 영웅임을 믿게 하기란 쉬운 일이야. 아이들은 전쟁놀
이를 좋아하고, 그들은 어리면 어릴수록 자신들이 하는 놀이
의 결과를 알지 못하지. 이러한 점이 아마도 어른들간의 전쟁
보다도 훨씬 더 심각한 문제일 것이다; 아이들은 무감각해지
며, 폭력은 더 이상 타인에게 강요되는 고통이 아니야: 그것은
생활의 일부가 되며, 정상적인 것이 되지. 그 아이들은 죽을 준
비가 되어 있으며, 명령에 따라 죽일 준비가 되어 있어.

Q 정당한 전쟁이 있나요?

정당한 전쟁이란 있을 수 없어. 사람들은 처음에는 사상·개인, 그리고 권력을 위해서 싸운단다. 경제적인 목적이 정치적인 권력에 영향력을 행사하지. 경쟁·동맹·제휴가 형성된다. 매우 빨리 진행되어 국민의 이해 관계는 생각지 않게 돼. 힘과 위협, 권한과 권력의 남용으로 의지를 강요하는 경향이 있는 모든 움직임은 싸움을 낳게 마련이야. 물론 부정과 싸우는 것이 진정 정당한 것처럼, 불의와 고문에 맞서 싸우기 위해 출정하는 것을 진정 정당하다고 생각할 수 있겠지: 그러나 무기를 들자마자 무고한 사람들이 죽어. 싸움의 확산은 다만 무기와 폭력의 확산을 이끌며, 그것은 결국 부당한 방향으로 흘러가게 돼. 또 한편으로는, 굴복과 인간에게 자신의 존엄을 잃게 하는 부당한 통제는 받아들여질 수가 없어. 명백한 사실은 아니지만, 중요한 것은 전쟁 없이 인간으로서 존경받는 방법을 배우는 것이지!

Q 무기 없이 전쟁을 할 수 있다고 생각하세요?

그래, 하지만 그러한 전쟁은 더 오래 걸리고, 더 어렵지. 평화적으로 권리를 요구하는 방법들은 얼마든지 존재해: 동맹 파업, 거리에서 플래카드를 들고 시위하기, 신문의 기사들, 대화, 협상; 사회적 부정의 고발…… 보다시피 평화적이면서도 생각했던 것보다 더 많은 힘을 발휘하게 된단다.

Q 서로 싸우지 않고도 전쟁에서 이기는 게 가능한가요?

그런 일이 적어도 한번은 있었단다: 인도에서의 일인데 이름은 간디이고 별명은 마하트마이며, 정치적이고 종교적인 인물인 한 남자가 자신의 나라를 지키는 데 비폭력적인 접근을 전개했었어. 그는 영국인들이 자신의 나라를 차지한 것에 대항하였는데, 그가 일으킨 운동은 거의 전국적으로 확산되었고, 1947년에 획득된 인도의 독립에 큰 영향을 미쳤지.

Q 그렇다면 그 전쟁은 사람들을 죽게 하지는 않았나요?

아니, 오히려 많은 사람들을 죽게 하였단다. 간디 자신은 국민 불복종을 선동한 죄로 여러 번 투옥되고, 모든 싸움에서 매번 사람이 죽었지만 그럼에도 불구하고 그는 평화적인 시위를 조직하였어. 그것은 항의하고, 전 세계의 여론에 알리고, 공격자에게 압력을 가하는 또 하나의 방법이었지.

Q 그런데 그후에 그는 어떻게 되었나요?

불행하게도 그는 1948년 한 힌두교 과격주의자에 의해 암살되었는데, 그때 그는 인도에 사회 계급의 평등을 실현하기 위하여 싸우고 있었단다.

Q 무기를 들고 싸우지 않고도 전쟁에서 이긴 또 다른 사람들이 있나요?

그래, 미국에서 인종 차별의 피해자들인 흑인들에게 더 많은 권리를 얻게 해주었던, 미국의 흑인 목사 마틴 루터 킹이 있었단다. 그와 간디의 영향은 전 세계적으로 확산되었으며, 특히 남아프리카에서 확대되었는데, 거기서 간디는 1893년에서 1914년 사이에 인종 차별에 맞서 싸우는 인도인들을 지지하였었지. 그때 그는 변호사로 활동하고 있었는데, 자신의 비폭력 행동주의를 수립한 것은 남아프리카에 체류하면서부터란다.

Q 마틴 루터 킹 목사는 아직 살아 있나요?

아니, 그 또한 1968년에 암살되었어.

Q 그렇다면 부정에 맞서, 게다가 무기 등을 들지 않고 싸우는 것은 위험하군요……,

사실 그것은 위험할 수 있단다. 문제는 사회적 불평등을 유지하는 것이 권력을 가진 사람들에게는 많은 이익이 된다는 점이야.

Q 그런데 결국 암살당해야 한다면 비폭력적으로 싸우는 것이 무슨 소용이 있어요?

비폭력적으로 싸운다면 결과는 개인을 초월하게 되고, 침착한 행동들이 국민 전체를 감동시키게 되지. 게다가 정의를 실현하기 위한 모든 변화는 미래의 세대들에게 보다 나은 생활 조건을 가져다 줄 수 있어. 비폭력은 타인의 마음속에 피해자들에 대한 자각과 동정, 그들을 돕고 싶은 욕망을 낳게 하지. 운동이 벌어지고, 무리를 지어 시위하게 되며, 가해지는 압력

들은 권력자들로 하여금 좀더 정의로운 자세를 취하지 않을
수 없게 한단다.

Q 정의로운 권력자들이 있다고 생각하세요?

그럼, 권력자들이 다만 개인의 행복이 아니라 전체의 행복을
목표로 삼는다면 그들은 정의롭다고 할 수 있어. 예를 들어 네
가 공부해 주기를 바랄 때, 그것은 통제의 형식을 닮을 수는
있지만 모든 것이 너와 사회 전체의 행복을 위해서야. 미래에
너는 자립해서 우리의 도움 없이 혼자 힘으로 살아갈 수 있을
것이고, 사회는 네가 가진 지식과 노동·책임을 맡을 수 있는
능력의 득을 보게 될 테니까. 그러므로 너는 의무를 다함으로
써 사회 전체의 더 큰 행복에 참여하는 것이지. 이것은 너뿐만
아니라 나와 모두를 위해서도 사실이야.

**Q 이따금 저는 학교에 가지 않는 아이들은 대단한 행운
아들이라고 생각해요.**

그렇게 생각하니?

Q 예, 왜냐하면 그들은 온종일 놀 수가 있으니까요.

아마 당장은 그렇겠지만, 장래에는 경우에 따라 그럴 거야.
알다시피 나는 가난을 돈의 결핍뿐만 아니라 무지도 해당된다
고 생각하거든. 누군가가 법률, 세상에서 일어나는 일, 정부의
결정에 담겨 있는 정치적·사회적인 목표를 알거나 이해하지

못한다면, 그는 거기에 수반되는 결과들에 대해 전체적인 예견을 못하게 되고, 그럴듯한 이야기에 더 쉽게 영향을 받게 되겠지. 그는 생존을 위해 일하고, 의존적이 되며, 교육을 받았을 상황보다 더 쉽게 조종당할 거야.

Q 그러나 이러한 것을 우리에게 가르쳐 주는 데는 학교가 아니에요!

맞는 말일 수도 있고, 틀린 말일 수도 있구나. 알다시피 학교의 목표에는 숙고하는 법을 가르치는 것도 들어 있는데, 그것은 프랑스어·수학·지리·역사를 배우면서부터 시작된단다. 읽을 줄 안다는 것은 모든 지식에 접근할 수 있음을 뜻하므로 숙고하고, 삶 속에 자리잡고, 선택하고, 그것을 수용하고, 자기를 위해서 자신의 권리를 확보하고, 타인에게 그것을 존중하게 할 수 있다는 말이지. 장기적으로, 세계적 차원에서 학교란 모두에게 더 많은 정의와 자유를 확보하게 해주는 곳이란다.

제3장

폭 력

텔레비전 뉴스에서: 흉기에 의한 습격, 서로 죽이는 적대 관계에 있는 두 무리들, 진압당하는 시위 운동, 요란한 사이렌 소리들…….

Q 무슨 일이 생긴 거죠?

지난날 우리는 테러리즘과 전쟁에 대하여 말했었는데, 우리는 폭력 또한 매일같이 보게 된단다; 가족 안에서, 거리에서 폭력 관계가 끊임없이 증가하지.

Q 학교에서 상급생들이 하급생들을 떠미는 것처럼요?

너도 알다시피 아이들은 다른 행성에서 오는 것이 아니야; 자신들이 보고 듣는 것을 모방하지. 어른들의 폭력은 그들에게 영향을 주게 돼. 그들은 권력과 돈, 개인주의의 가치를 알게 되고, 어른들의 세계에서처럼 높은 지위를 얻기를 바란단다. 그들은 자신들이 이해하는 사회를 자신들의 차원에서 재생산하지.

Q 이따금 학교에서의 생활이 힘든 건 사실이에요. 하급생들을 귀찮게 하고, 그들의 장난감 등을 빼앗는 상급생들이 있거든요.

가장 어린 학생들이 자신들한테 돈이며 옷, 음반이나 다른 것을 주지 않을 수 없게 하는 학생들도 있지?

Q 예, 이따금 그런 일이 생겨요.

그런 것을 일컬어 강탈이라고 하지. 너는 틀림없이 '강탈'에 대해서 들어 본 적이 있을 거야. 바로 그런 행동을 두고 하는 말인데, 그것은 또 다른 형태의 폭력이란다. 반드시 그런 유형의 행동을 고발해서 아이들을 보호해야 하며, 그런 학생들이 나쁜 짓을 못하도록 막아야지.

Q 그렇지만 그들은 가장 힘이 센 학생들이며, 자신들을 고발한 아이들의 형제와 자매들을 해칠 수도 있어요!

그렇다면 침묵을 지키고, 그들이 요구하는 것을 주는 행위가 너희들을 보호해 주리라고 생각하니?

Q 그들은 그렇게 말해요.

그 말은 틀렸어. 피해자들의 침묵과 공포는 다만 그들을 보호해 줄 뿐이야. 그런 일이 멈추도록 하기 위해서는 피해 사실에 대해서 숨김없이 말하고, 공격자들을 고발해서 쫓아야만 해. 왜냐하면 그들에게는 **공격자**라는 사실이 기분 좋은 일이기 때문이지! 알다시피 그들은 자신들보다 더 약한 학생들을 공격하고, 게다가 무리를 지어 행동하는데, 이런 점은 그들이 그렇게 힘세지 않다는 것을 증명하는 거야.

Q 어떻게 해야 하죠?

학교의 담임 선생님, 교장 선생님, 부모님, 경찰관 등에게 그 일에 대해 말하여 알려야지. 피해자들을 그와 같은 폭력으로부터 벗어나게 하고, 그 비행청소년들이 변화되도록 도와야 한단다. 그리고 너 또한 자기를 보호하는 방법 등을 배워야겠구나.

Q 어떻게 말이죠?

우선 너 스스로 자신 있는 태도를 보여야 해. 걸을 때는 똑바른 자세를 취해라: 너에게서 상당한 자신감이 드러나 보일 것이야. 말할 때는 자세를 잡고, 상대의 눈을 똑바로 쳐다보아라. 잠시 후에 위협 연습을 하며 즐기게 될 거야. 너는 유도나 자기 방어에 대한 강의를 들을 수 있겠지? 서로 싸우기 위해서가 아니라, 너 자신을 방어하고 신뢰하기 위한 어떤 수단을 갖기 위해서 말이야, 어때?

Q 조금 두려워요.

정상적인 반응이니 그것을 부끄러워할 필요는 없어. 네가 자신감을 가짐에 따라 공포는 사라질 거야. 하나의 성공은 또 다른 성공을 가져오며, 그것은 연이어 또 다른 성공을 가져오지. 알겠지만, 너 자신을 믿으렴.

Q 어른들도 가끔 두려운가요?

그런 일이 나에게 일어난다…… 그렇다면 나는 상황에 관해 깊이 생각해 보고, 어려움을 따져 가능한 결과들과 함께 난관을 극복하기 위한 수단들을 찾으려고 애쓰다가, 그후 결과들을 지탱할 수 있다고 판단될 때 본격적으로 일을 시작할 거야. 나는 내 능력을 믿으며, 일반적으로 일은 매우 잘 진행되니까.

Q 제가 아이샤를 도울 수 있을까요?

아이샤가 누구지?

**Q 같은 반 여자아이예요. 회교도인데, 며칠 전부터 아무도 그 애와 놀려고 하질 않아요. 오늘 아침엔 어떤 아이들이 그 애에게 소리 높여 화를 내는 바람에 결국 울음을 터

뜨리고 말았어요.

  알다시피 지난번 우리는 상징에 대하여 말했었지. 아이샤는 고층 빌딩들을 폭파시켰던 테러리스트들을 다만 상징한단다. 다른 아이들은 회교도인 그녀가 두렵기 때문에 적대시한 거야. 그런 행위는 그들로 하여금 아무런 관련도 없는 것처럼 보이는 사람들 중에서 선택된, 구체적이고 현실적인 누군가에게 자신들의 공포를 돌릴 수 있다고 여기기 때문이지. 그들은 자신들이 이길 수 있는 적에 맞서 행동할 수 있고, 싸울 수 있음을 자각하고 있어. 그러한 것들이 잠시나마 불안을 진정시켜 줄는지는 모르지만 엄연한 폭력과 인종 차별이며, 절대로 용납되어서는 안 될 것이야. 학교의 교장 선생님은 이 모든 상황을 알아야 하며, 아이샤뿐만 아니라 그런 종류의 상황에서 피해자가 될 수 있을 다른 아이들을 위해서도 그런 행위가 근절되도록 누군가가 각 학급의 아이들에게 말해야만 해.

Q 그런데 그 부모님은 왜 그녀를 보호하지 않죠?

  부모님은 아마도 그것을 모르고 계시겠지. 아이샤는 우리가 '강탈'의 피해자들이 침묵을 지키는 것에 대하여 말했을 때처럼, 침묵을 통해 아마 자신의 부모님을 보호하기 원할 거야. 아이샤의 부모님도 어쩌면 같은 일을 겪고 있을 것이며, 그 아이는 부모님의 고통과 불안을 가중시키고 싶지 않았겠지. 지난날 우리는 보호에 대하여 말했었어. 그것은 우리가 너를 위해서 할 수 있고, 네가 그 아이를 위해서 할 수 있는 종류의 행위야. 원한다면 나는 너와 함께 교장 선생님을 만나러 갈 수 있고, 그렇지 않으면 너는 담임 선생님에게 직접 말할 수가 있을 거야.

Q 아이샤의 부모님은 무슨 까닭으로 자신들의 조국을 떠나 이곳으로 이민을 왔죠?

이유야 다양하지. 아이샤 부모님의 경우는 잘 모르겠지만, 모든 이민에는 나름대로 이유들이 있단다. 그것은 가족적인 이유, 이민을 강요하는 직업, 모험에 대한 취향, 다른 나라에서 일어나고 있는 것을 보고 싶은 욕망, 금전적 수익 때문일 수 있지. 또한 보다 슬프고 고통스러운 이유들도 있어: 출생국에서의 기근과 공포·불관용·전쟁 등이 간혹 국민들로 하여금 다른 더 부유하고, 환영하는 나라로의 이민을 결심하게끔 해. 이것은 망명자들의 경우인데, 그들은 자신들의 나라에 있으면 생명이 위험하기 때문에 망명을 하며, 보호가 필요하단다.

Q 아무도 알지 못하는 나라에 살러 가기 위해 자신의 가족과 친구들을 떠나야 하는 것은 슬픈 일이에요.

또한 편견들 때문에 어렵지. 문화적인 차이는 놀라게 하고, 불안하게 만들어. 이민국의 주민들은 자신들이 이해하지 못하는 문화적인 차이 때문에 위협받을 수 있으며, 그래서 그들은 거부·배척·비난·위협, 그리고 불행하게도 아이샤의 경우처럼 폭력의 반응을 또한 보이게 돼.

Q 그런데 이민을 온 사람들 또한 친절하지 못한 행동을

하는 일이 일어난다면서요!

정말이야. 그들 또한 편견을 갖고 있으며, 우리 문화의 차이 때문에 위협을 받는단다. 그들은 자신들의 정체성을 잃어버리는 것을 두려워하고, 그래서 자신들의 전통을 확실히 전달할 수 있기 위해 아이들의 교육에 대하여 보다 엄격해지며, 자신들끼리도 서로 배척하면서 저항하지.

Q 아이샤가 베일을 쓰지 않을 수 없는 것처럼 말이죠?

그래. 아이들은 두 나라의 전통 사이에 놓여 있어: 그들은 자신들의 출생국은 알지 못하지만, 부모의 권위가 마치 그들이 거기에 살고 있는 것처럼 문화와 관련된 법칙에 굴복하게 만들지. 그들은 자신들의 부모님을 사랑하며, 즐겁게 하기를 원해. 다른 한편으로 그들은 자신들의 이민국을 사랑한단다. 그래서 두 나라의 생활이며 행동, 사고 방식들 사이에서 분열되어져 꼼짝 못하고 있어. 그것은 자주 가족 갈등을 야기하지. 만약 다른 아이들마저도 그들을 거부하고, 위협하고, 구박한다면, 그들에게는 적응하는 일이 더욱더 어렵게 될 거야.

Q 폭력은 우리 주위의 곳곳에 있는 것 같아요……

그래, 폭력은 핼러윈 축제〔매년 10월 31일 저녁에 미국과 캐나다에서 거행되는 축제. 이때 아이들은 가면을 쓰거나 변장을 하고서 사탕·과자들을 받기 위해 동네를 돌아다닌다〕 때의 가면들처럼 여러 가지 얼굴들을 갖고 있단다. 우리는 테러리즘과 전쟁, 학교에서의 '강탈,' 인종 차별에 의한 폭력에 대하여만 말했었지. 그러나 일상 생활에서도 다양한 폭력들이 존재한단다. 가족 안에서는 부모가 싸우고, 서로 때리며, 자녀를 구박할 때 폭력이 존재하지. 거리에서는 참을성 없는 운전자들이 다른 사람들에게 야단을 칠 때 폭력이 존재하고. 게다가 신체 장애자들이며 노년기에 있는 이들에게 행해지는 폭력들 또한 존재해. 육체적 폭력과 더불어 다른 사람을 놀리고, 비웃고, 온갖 폭언을 퍼붓고, 네가 말한 것처럼 위협하고 겁을 주는 것과 같은 마음에 상처를 주는 것도 폭력의 범주에 속하지. 또한 동물들에게 행해지는 폭력이 존재하며, 공기와 물의 오염, 산림의 벌채처럼 자연에 행해지는 폭력도 존재해. 그리고 특히 타인에게 행해지는 폭력에 직면하여 각자의 무관심에 의한 폭력이 존재한단다.

Q 고양이가 저의 햄스터를 계속해서 쫓아다닌다면, 그것도 일종의 폭력인가요?

글쎄, 네가 강조하고자 하는 것은 사실상 폭력은 모든 살아 있는 존재에게는 당연하다는 것이겠지. 심지어 먹고 사는 것조차 어떤 폭력의 관계를 가정하지. 고양이는 생쥐들을 잡아먹으며, 우리의 몸은 살기 위해서 음식을 필요로 하기 때문에 부득이 동물들을 먹는다. 이렇듯 당연한 폭력은 인류를 수천 년 동안 살아남을 수 있게 하였어; 그러므로 이러한 폭력의 일부분을 간직하는 것은 중요한 일이야. 우리는 '생존 본능'이라고 부를 수 있겠구나. 이러한 본능은 우리의 유전자들 속에 새겨져 있어. 하지만 우리가 말하는 폭력은 이와는 다르단다: 그것은 단 한 사람의 이익을 위해서 다른 사람에게 강요되는 굴복을 정당화시키는 힘의 관계 속에서 이루어지는 거야.

Q 이따금 어른들로부터도 자신을 보호해야 하나요?

그런 말을 하면서 너는 무슨 생각을 하고 있니?

Q 저는 아이들을 때리거나, 영화 속에서 연기할 것을 강요하는 어른들에게 자녀를 팔아 버린 부모에 대한 이야기를 들은 적이 있어요.

정말이야. 소름끼치는 일이지. 돈을 위해서든 개인적인 이익을 위해서든, 또 두 가지 모두를 위해서든 권위를 내세워 아이들을 굴복시켜 온갖 방법으로 이용하는 어른들과 부모들도 존재한단다.

Q 우리는 항상 어른들에게 복종해야만 하지 않나요?

좋은 질문이로구나: 항상 어른들에게 복종해야만 하는가? 권력의 남용은 누가 그것을 행사하든지간에 항상 폭력이야.

Q 그러나 우리가 무엇을 할 수 있겠어요?

나는 테러 행위로부터 어떻게 자신을 보호하는지 너에게 설명했었다; 우리는 지금 온갖 종류의 권력 남용으로부터 자신을 보호하는 놀이를 해볼 거야. 하나의 실례를 들게: 어느 날

학교 수업이 끝나고 밖으로 나왔을 때, 남자이든 여자이든지 간에 어떤 모르는 사람이 너에게 다가와서 말한다: "너는 사진이나 영화를 찍고 광고에 출연하기에 적합한, 내가 찾고 있던 바로 그런 아이야. 나와 함께 가자. 내가 일이 끝나면 너의 집까지 데려다 줄게." 이럴 때 너는 뭐라고 대답할 거니?

Q "야! 신난다!"라고 대답하겠죠. 아마도 저는 굉장히 기뻐할 거예요!

그 요청이 너를 기쁘게 하는 것은 당연하지만, 네가 선뜻 따라나설 정도로 그에 대하여 알고 있니?

Q 아니오.

그러면 즉시 "예"라고 대답하지 말아야 해. 그 전에 너는 다음의 질문에도 "예"라고 대답할 수 있어야 한다: "나의 부모님은 그 남자 혹은 그 여자를 알고 있는가? 또한 지금 내가 어디에 있는지 알고 계실까?" 너는 뭐라고 대답할 거야?

Q 물론 "아니오"예요.

이것이 마지막 질문이다: "만약 내가 곤경에 처한다면, 어느 누구의 도움 없이 혼자서 도망칠 수 있을까?" 너는 이 질문에 뭐라고 대답할 거야?

Q 글쎄요, 아마 저는 그럴 수 있을 거예요; 아시다시피 저

는 빨리 달리잖아요!

그러나 너는 네 답변을 확신할 수는 없을 거야. 그것은 장소와 사람 등에 따라 달라질 테니까. 너의 대답에는 "예"보다는 "아니오"가 더 많지, 그렇지 않아? 그러므로 내가 실례를 들어서 던진 질문들에 네가 "예"라고 대답할 수 없다면, 너는 "아니오"라고 거절해야 해. 너는 그 모르는 사람에게 이렇게 말하는 거야: "저에게 당신의 전화번호를 주세요. 저의 부모님이 만날 약속을 잡기 위해서 당신에게 전화할 것입니다." 만약 그가 믿을 수 있는 사람이라면 너에게 연락처를 주겠지. 그렇지 않다면, 그냥 돌아갈 거야……. 알겠니?

Q 예.

그래서 나는 다음과 같이 요약한다.

1. 그러한 요청이 나를 기쁘게 하는가?
2. 나의 부모님은 내가 어디에 있는지 알고 계시는가?
3. 내가 곤경에 처하였을 때 혼자서 해결할 수 있을까?

만약 이 세 가지 질문에 네가 "예"라고 대답할 수 없다면, 너는 "아니오"라고 거절해야 해. 알겠니?

Q 예, 그러나 그런 사람이 친척이거나 선생님일 때는 어떻게 해야 하죠?

나도 그것이 너에게 어려운 문제라는 걸 알고 있어. 어른들은 아이들에게 복종할 것을 가르치지만, 동시에 나는 너에게 그들을 고발하라고 말하지. 그것이 너에게는 모순되는 것처럼 보일 수 있지만, 중요한 것은 부모님이나 선생님에게서 권위를 빼앗는 것이 아니라 아이들을 권위의 남용으로부터 보호하는 것이지. 권위는 그들로 하여금 너희들을 가르치는 데 필요한 것이야. 정말로 용납할 수 없고 고발되어져야만 하는 것은 어른들의 부양을 받고 있는 약한 존재들에게 행해지는 권위의 남용과 폭력이란다.

Q 어째서 아이들은 아무것도 말하지 않죠?

너, 아이샤를 기억하고 있지? 그 아이 역시 부모님에게 아무것도 말하지 않았어. 아이들은 부모님을 보호하고 싶어하거나, 너무나 두려워한 나머지 아무것도 감히 말할 수가 없는 거야. '강탈'의 경우에서처럼 가해자를 고발하는 용기를 내야 해.

Q 아이들이 거짓말하는 경우도 있다면서요?

그래. 아이가 어른이나 심지어 다른 아이를 고발하면 조사가 이루어지는데, 그것이 끝나면 재판관은 그 아이가 거짓말을 했는지 아닌지를 판가름하게 된단다.

Q 그런데 아이들이 거짓말을 하죠?

이유야 여러 가지가 있지. 어떤 아이들은 다른 누군가에게 화가 나 그에게 해를 입히고 싶은 복수심에서 그렇게 한단다; 또 다른 아이들은 자신들의 불행으로 주의를 끌고, 매력 있는 것처럼 보이고 싶기에 그렇게 하기도 하고. 거짓말로 부당하게 고발하는 아이는 아마 개인적으로든지 가족적으로든지 큰 문제를 겪고 있을 거야. 조사를 통해서 거짓말의 뿌리 깊은 이유를 이해하고 아이와 그 가족, 그리고 그 주변 환경 모두를 도와야만 할 거야.

Q 사람들은 모두 악의를 가지고 있나요?

아니, 대다수의 사람들은 선량하고 타인에게 올바르게 행동하지. 그래서 너는 대부분의 어른들을 신뢰할 수가 있어. 다만 조심하는 것을 배워야 한단다. 일상 생활에서는 단 한 사람의 잘못 때문에 다른 모든 사람들의 선량함과 친절·선의를 의심하게 되지.

Q 그것은 학교에서와 같군요: 여선생님은 항상 똑같은 몇몇 아이들이 성가시게 구는데도 불구하고 우리 모두를 야단치세요!

너의 말이 옳아; 아마 그러한 사실을 선생님에게 알려야만 할 거야.

Q 그렇지만 선생님께서 화를 낼 텐데요!

어째서 화를 내지? 선생님이 기분 상하지 않도록 친절하게 그 사실을 말하는 것만으로도 족하단다. 왜냐하면 성가시게 구는 학생들이 틀림없이 확인되었는데도 불구하고 학급 전체를 꾸짖었기 때문이지. 네가 친절하게 그러한 사실을 말한다면 선생님은 화를 내지 않을 테고, 다음에는 좀더 주의를 기울이게 될 거야.

Q 제가 어떻게 그러한 사실을 말할 수가 있을까요?

너는 말할 수 있을 거야: "선생님, 저는 슬픕니다(또는 화가 납니다)——너는 말하는 순간에 너의 기분을 나타내는 단어를 선택해라——왜냐하면 저는 아무런 잘못도 하지 않았는데 부당하게 책망당했기 때문입니다. 선생님께서는 저를 포함한 우리 모두에게 화가 난 것처럼 보이는데, 저는 아무런 잘못도 하지 않았습니다." 너는 일어난 사실과 관련된 너의 감정을 표현해야 하는데, 그 이유는 곧 알게 될 거야: 너는 여선생님으로부터 틀림없이 긍정적인 대답을 듣게 될 테니까.

Q 사실들을 그렇게 말하는 방법이 언제나 효과를 발휘하나요?

그래, 대부분의 경우에는 효과를 발휘한단다.

Q 사람들 모두가 친절하다고 생각하세요?

내가 상대방에게 친절하다면, 상대방도 나에게 친절하리라고 믿고 싶구나. 나는 사람들이 하고자 하는 여지만 있거나, 다른 사람들이 맹목적으로보다는 관찰할 수 있는 변화를 근거로 삼아서 그들을 신뢰한다면 보다 나아질 수 있는 능력을 갖고 있다고 믿어. 그리고 세상에는 친절하고, 상부상조를 유지해 나가길 원하며, 타인에게 관대한 사람들로 가득 차 있다고 생각하지. 우리는 폭력이나 테러리즘에 대한 말은 지나치게 많이 듣지만, 세상에서 선한 일을 하는 모든 사람들에 대한 말은 충분히 듣지 못하는데, 그러한 사람들은 많단다.

Q 예를 들면 소방관과 같은 사람들 말이죠?

그래, 테러 행위가 발생하였을 때 소방관들은 생명을 구조하는 큰 일을 담당하였지; 뉴욕 사람들은 서로를 도왔고, 비통해하는 가족들에게 위로를 전했어. 자연 재해가 발생하면 사람들은 불행 속에서도 서로를 부축하며, 가장 약한 사람들을 돕지. 또한 인도적 단체들이 치료와 식량을 공급하러 오고.

Q 인도적 단체들에 대해서 알고 계세요?

문화나 종교를 초월하여 전 세계 도처에 있는 사람들을 치료해 주는 **국경 없는 의사회**가 있단다. 환경 보호와 관련된 법들을 준수케 하는 **그린피스**가 있으며, 감금된 죄수들의 인권이 존중되도록 하기 위해서 그들을 폭력과 권력 남용으로부터 보호하는 **국제 사면**이 있지. 또한 홀로 살거나 혜택을 받지 못하는 사람들을 도와 주는 공동체들과 자원봉사자들, 그리고 평화적인 수단을 통해서 인간을 온전히 보호해 주는 다른 많은 사람들이 더 있어.

Q 그래도 저는 인간은 악의를 갖고 있다고 생각해요!

우리로 하여금 자신을 보호하게 하는 본능을 마음속에 간직하고 있는 것은 악의가 아니야. 생명, **우리의** 생명은 소중하며, 그것을 보호해야 한다는 사실은 우리가 마음속으로 알고 있는 것이지. 우리의 몸 전체는 생명을 보호할 수 있도록 구성되어 있단다. 면역 체계는 병으로부터 우리를 보호해 주며, 그렇지 않으면 적어도 우리로 하여금 그들과 싸우도록 돕는 역할을 해. 우리의 몸은 끊임없이 상황의 변화에 적응할 줄 안단다. 우리는 더위 속에서 뿐만 아니라 추위 속에서도 살아남을 수 있으며, 영향을 섭취하기 위해서 온갖 종류의 음식을 먹을 수가 있어. 이러한 모든 일은 경이로우며, 그 과정에서는 어떠한 악의도 없는 거야. 일어나는 모든 일에도 불구하고 생명은 아름다워. 생명이 우리에게 가져다 주는 모든 양상들은 고귀하므로 최대한 그것을 이용해야만 해.

Q 그렇다면, 언제 우리가 **정말로** 악의를 갖고 있다고 생각하세요?

우선 나는 모든 것은 마음과 머릿속에서 비롯된다고 생각한단다. 우리가 악의를 가지고 있느냐 없느냐는, 일을 하는 방법과 일을 할 때 가지는 정신에 달려 있어. 만약 어떤 사람이 유도를 배워 자신을 보호하는 데 사용할 작정이라면, 그는 두 가지 방법으로 그렇게 할 수가 있겠지: 분노나 공격적 성질을 갖지 않고 적의 공격에 미리 대비하면서 그를 제압해 해치지 못하게 하든가, 복수심을 품고서 모욕하거나 상처를 입히고, 또

살해 도구로 자신의 힘을 사용하든가. 우리와 동물들 간의 관계에서도 그것은 마찬가지야: 우리는 동물들에게 고통을 가하는 걸 최대한 피하면서 영양을 섭취하기 위해 그것들을 죽일 수가 있어. 반대로 우리는 그것들에게 고통을 주는 데 기쁨을 느낄 수가 있지. 악의란 바로 그런 것이야: 타인의 고통을 즐거워하고, 개인의 이익을 위해서 타인을 이용하는 것.

UNE COLOMBE

RACHID
MINH
Jean-Louis
MARY

제4장

하느님과 신들에 대해서

"중요한 것은 눈에는 보이지 않는다."

—앙투안 드 생텍쥐페리, 《어린 왕자》

성탄절이다. 사방에서 그리스도의 탄생을 알리는 구유들과 선물들, 조명으로 장식된 진열창들이 보이며, 평화와 사랑의 노래들, 신년 인사들이 들린다. 즐거운 축제 분위기가 도시 위에 떠돈다.

Q 어째서 하나님께서는 아무런 일도 하지 않으시죠?

왜 그렇게 아무런 일도 하지 않으신다고 생각하니?

Q 그렇잖아요, 어째서 그는 전쟁을 멈추지도 않고, 악인들을 벌하지도 않죠?

그가 어떻게 하기를 바라니?

Q 우리가 반성하도록 그가 경고를 보낼 수 있을 거예요!

예를 들면 무엇처럼?

Q 대홍수처럼 말이죠!

하지만 그것은 사실상 엄청난 경고야. 너도 알다시피 인간은 귀와 눈이 멀었으며, 게다가 매우 무지하단다. 설령 네 말대로 하느님이 또 하나의 대홍수를 내려보낸다 하더라도 인간은 그것을 경고라기보다는 자연 재해로 이해할 거야.

Q 그래도 하느님은 강하시니, 제가 생각지 못하는 무엇인가를 할 수 있을 거예요. 그리고 전능하시니 그 모든 악을 멈추게 할 수도 있을 텐데요!

그런데 너의 분노 속에는 의심이 담겨 있다고 여겨지는걸. 혹시 너는 하느님과 종교에 대해서, 일반적으로 네가 배워 온 것들을 다시 문제삼고 싶은 거니?

Q 예, 저는 모든 것이 뒤죽박죽되고 말았어요. 지금껏 하느님은 선하시다고 배웠지만, 그는 모든 부정들이 행해지도록 내버려두고 있죠. 저는 그 점을 도저히 이해하지 못하겠어요.

네가 이해하기 어려워하는 부분들에 대해 설명하려 애써 보겠지만, 그렇다고 해서 너의 종교를 건드리거나, 너의 신앙을 흔들고 싶지는 않구나. 하느님은 지구상에 사는 모든 사람들에게 똑같은 방법으로 지각되지는 않는단다. 각 사람마다 자신의 신념, 생명과 천지 창조를 보는 방식, 이 세상과 맺은 관계가 서로 다르기 때문이야. 언제나 인간은 자신의 생명에 어떤 의미를 부여하고 싶어하였으며, 그래서 죽는 것에 대한 공포는 심한 괴로움을 불러일으키지. 인간은 영원히 눈을 감자마자 자신을 기다리게 될 미지의 것, 즉 죽음에 직면하여 빈털터리가 되곤 해. 권력·힘·재산은 죽음을 통해서 사라지게 되며, 그러한 운명은 많은 사람들에게 고통을 주기 마련이야. 모든 종교에서 죽음은 언제나 무서운 것으로 표현되며, 인간이 일생 동안 취한 행동들에 대해서 심판을 받는 진리의 순간으로 표현된단다.

Q 여기에 올바르게 살아가야 할 이유가 한 가지 더 있군요!

너의 말이 옳아. 그러나 인간은 역설적인 존재란다. 그는 죽음 후에 달콤하고 평화로운 삶을 원하는 만큼 이승의 삶에서도 아무것도 놓쳐 버리기를 원하지 않거든. 죽음은 인간을 무력하게 만들며, 그러한 무력은 죽음과 더불어 인간을 가장 무섭게 하는 것이야. 자신의 생명·죽음·미래를 다스릴 수 있다는 생각은 인간에게 불멸하다는 감정을 가져다 주지.

Q 그런데 하느님은 존재하시나요, 아니면 존재하시지 않나요?

어떤 사람들에게 있어 하느님은 존재하신다; 또 다른 어떤 사람들에게 있어 그는 존재하지 않는다. 존재하느냐 그렇지 않느냐는 믿음과 그것에 의해 형성되는 표현에 달려 있지. 인간은 이성적이며 생각하는 존재야. 그는 모든 것을 이해하기를 원한다: 세계와 인간의 몸이 어떻게 움직이는지, 식물들은 어떻게 자라는지, 동물들은 생각하고, 영혼과 감정들을 가지고 있는지 등을 이해하기를 원해. **그러한 것이 어째서, 그리고 어떻게 움직이는가**가 생명과 관련된 숙고의 중심에 있어. 인간은 막연한 대답으로는 만족할 수가 없단다: 그는 증거를 원하지만, 그런데 신의 존재는 어떤 이성적이고 과학적인 연구로는 확인될 수가 없거든. 이것이 인간에게 고통을 주는 것인데, 왜냐하면 그는 이해하지 않고 믿는 것으로는 만족할 수가 없기 때문이야. 그는 생명·사건·자연에 직면하여 논리적인 맥락을 필요로 한다. 마음속으로 혹은 일상 생활 그 자체에서 발견되는 신에 대한 확신이나 선인들의 믿음, 혹은 수도사·예언자·은둔자·성인들의 신비적인 경험에서 발견되는 신의 발현(發顯)으로는 충분히 만족할 수가 없으니까.

Q 그러한 경험들은 가치가 없다고 여기기 때문에 인간은 그러한 것을 믿지 않나요?

종교적 경험들은 오로지 개인적이야. 그러한 것들은 실험실이 아니라 숙고와 기도, 신앙, 보편적 사랑, 선의 변함 없는 실천에서 생긴단다. 수세기에 걸쳐 발전해 온 그대로 인간의 과학적 정신은 실험실에서 보는 것, 객관적으로 예측하고 검증할 수 있는 것을 다만 믿을 뿐이야. 인간은 증거로서 숫자들을 필요로 하지. 신비적이고 종교적인 정신은 주관적이며, 그러한 모든 것의 테두리 밖에서 발견돼. 서로 다른 길들은 일치시키기가 어려운 법이야. 오래전부터 과학과 신앙은 서로 분리되어 왔단다. 현대의 종교는 과학과 이성의 종교이며, 확실성을 추구하는 종교라고 말할 수 있지…….

Q 그런데 엄마 아빠는 아는 것은 중요하며, 학교에 가서 배워야 한다고 저에게 말씀하셨었죠. 하지만 저는 더 이상 아무것도 이해하지 못하겠어요!

배우고 깨달아 아는 것은 언제나 중요하다. 과학은 인류의 더 큰 행복에 꼭 필요한 위대한 발견들을 가능케 하였어. 물리학·화학·생물학의 법칙들이 어떻게 작용하는지 아는 것은 병의 치료를 용이하게 하였으며, 우리가 누리는 삶의 질을 개선하였지. 그러나 권력도 우리가 어떻게 사용하는가에 달려 있다. 과학은 더 큰 행복과 편안함을 만들지만, 원자폭탄 또한 만들어. 즉 파괴와 풍요를 동시에 가능케 하지. 그래서 우리는 과학적인 연구의 결과에 대하여 깊이 생각해 보아야 하는 거란다.

Q 과학자들이 선을 행하도록 강제하는 법은 없어요?

과학은 좋은 것도 나쁜 것도 아니란다; 문제가 될 수 있는 것은 인간이 과학적인 발견을 어떻게 사용하는가이지. 필요한 것은, 연구원들이 결과를 초월하는 의식을 발달시키고 장기간에 걸쳐 얻어지게 될 결과를 미리 예상하는 것이야. 이미 18세

기말에 스탈 부인(프랑스의 여류 작가)은 말하였다: "의식 없는 과학은 영혼의 파멸일 뿐이다." 이 의식이 우리가 '직업 윤리'라고 부르는 것이란다.

Q 그런데 과학이 뜻대로 발전하고 있지 않군요?

항상 그런 것은 아니야. 거기에는 또한 개인적이면서도 재정적인 목적들이 많이 있단다. 연구에는 많은 비용이 들지. 사적이든 공적이든 출자자들은 상업적인 목적을 위해서 빠른 결과를 원하는데, 결국 연구원들에게 압력을 행사하고 경쟁을 유발시키는 결과를 낳게 돼. 압력을 받고, 서로 경쟁을 하게 된 그들은 경쟁심에 사로잡혀 고립된 공간 속에 틀어박히게 되지. 결과에 집중한 그들은 자신들이 하는 연구의 윤리적 결과에는 몰두하지 못해. 어느새 그것은 그들이 맡은 일 또한 아닌 것이 되는 거지. 대부분의 연구원들은 지식욕 때문에 일을 하게 되며, 연구의 긍정적인 모습만을 볼 뿐이야. 그런 과학자들은 미래를 미리 예상할 수가 없어. 그들이 국제적으로 중요한 발견을 한다 해도 얼마 지나지 않아 자신들이 이루어 낸 결과물에 대한 소유권을 박탈당하게 된단다. 결과물의 이용은 그들의 능력 밖의 일이며, 그들은 자신들이 한 발견을 상업적으로 응용하는 데 있어서 윤리적인 결과들을 보지 못하지. 하나의 발견은 그 자체로서는 중립적이야; 이와는 반대로 그것의 사용은 다양한데, 그래서 윤리적인 관심이 불쑥 나타나서 공개적이고 과학적이며 종교적인 토론의 대상이 되는 것은 나중의 일일 뿐이야. 예를 들면 유전학의 법칙을 이해하는 것은 하나의 사실이지만, 유전자를 조작하는 것은 전혀 다른 사실이지. 결과들은 상상하기가 어려울 정도야.

Q 유전자 변형 작물처럼 말이죠?

그래, '유전자 변형 작물' 처럼. 오늘날 우리 모두는 과학적인 연구에 관련되어 있어. 아마도 과학자들은 의심이란 자신들의 중요한 임무를 잊었을 거야. 그들은 하느님에 대해서는 의심하지만, 자신들이 확실한 것으로 바꾸어 놓은 과학적인 발견에 대해서는 충분히 의심을 하지 않는단다.

Q 과학자들은 하느님을 믿지 않나요?

질문이 흥미롭구나. 과학자들은 연구를 통해서 모든 형태의 생명을 발견하게 되는데, 이것이 그들을 매우 혼란에 빠뜨리는 점이란다. 지식의 경계를 물리치면서 그들은 언제나 하나의 벽에 직면하게 되지. 생명은 어떻게 창조되는가? 그것은 어디서 오는가? 그들은 우주가 탄생되던 최초의 순간에까지 거슬러 올라가면서 첫 생명의 불씨를 찾고 있어. 무한히 큰 것에서부터 무한히 작은 것에 이르기까지, 모든 생명을 발견하지만 그것의 기원을 밝혀내지는 못한단다. 연구원들은 생명은 어디든지 있고 스스로 창조된다는 것과, 자신이 연구하는 대상과 구별되어 있지 않다는 것을 깨닫게 되며, 그것은 과학적 객관성의 개념 자체를 의심하게 만드는 점이 되곤 해. 그들은 무생물 속에서 생명을 발견하게 되고, 겉으로는 고체인 물체가 실제로는 그렇지 않으며, 우리의 감각은 우리를 속이고, 우리의 지각으로 비밀이 풀린 현실보다는 더 광대한 현실에서 우리를 멀어지게 한다는 사실을 깨닫게 돼. 과학자들에게 생명에 관하여 더 많은 것을 배울 수 있게 한 것은 빛에 관한 연구야. 이러한 방향에서 물리학자들의 연구가 매우 감동적이라고 할 수 있어.

Q 그렇다면 그들은 연구를 통해서 신비주의자들이 하느님과 직접적으로 의사소통하면서 이해하게 된 것을 발견하게 되나요?

그래. 과학자들은 자신들의 연구를 통해서 하느님을 찾고 있지.

Q 그렇다면 그들은 하느님을 믿어요?

아마도 그럴 거야. 하느님을 찾는다는 것은 그를 만나고 싶어하는 것이며, 그를 만나고 싶어하는 것은 곧 믿는다는 의미이니까.

Q 어쩌면 그들은 또한 하느님이 존재하지 않는다는 것을 증명하려고 하는지도 몰라요.

어쨌든 하느님이 존재하느냐 않느냐를 증명하려고 애쓰는 것은 결국 같은 점에 이르게 되는데, 왜냐하면 그들이 찾는 대상은 같기 때문이지.

Q 그런데 현재 세상에서 일어나고 있는 일은 인간이 과

거에 저질렀던 잘못의 결과인가요?

그렇단다. 오늘날 인간은 냉혹한 논리에 따라 자신들이 이룩해 놓은 세계 속에서 살고 있으며, 그러한 것의 결과를 맞이하고 있지. 생명의 기원을 찾는다는 것은 또한 죽음을 정복하기를 바라는 것이야. 지상에서의 영원한 생명을 찾는 것은 모든 인간의 바람이지만, 만약 인간이 유전자 조작이나 점점 더 수준 높은 의료 행위를 통해서 죽음을 늦출 수는 있다 해도 언젠가는 폭탄하에서든 침대 속에서든, 평온하게든 괴로워하면서든 죽으리라는 것은 확실하지. 죽음도 생명의 일부야.

Q 그렇다면 중요한 것은 하느님인가요?

글쎄, 그것은 네가 하느님에 대해서 어떤 생각을 가지고 있느냐에 달려 있겠지.

Q 저는 하느님께서 우리에게 선한 일을 하라고 말씀하신 것을 배웠어요.

너는 그러한 자세를 갖는 것이 그르지 않음을 확신하고 있잖니.

Q 그렇지만 테러리스트들이 하느님의 이름으로 싸운다고 말하던걸요.

인간들은 어떤 이데올로기의 이름으로 싸우지, 하느님의 이름으로 싸우는 것은 아니야.

Q 이데올로기란 무엇이죠?

그것은 일련의 관념들로서 생명의 철학, 관념계 속에 머물러 있을 그러한 세계의 철학이지. 이데올로기는 시대와 사회에 따라서 변화한단다.

Q 그것은 종교와는 다른가요?

다를 수도 있고, 다르지 않을 수도 있어. 종교 또한 이데올로기란다. 우리는 한 나라가 어떻게 다스려져야 하는지를 정의하는 정치적 이데올로기, 인간 사이의 관계를 정의하는 사회적 이데올로기, 인간의 가치와 그러한 가치에 어울리는 행동을 정의하는 종교적 이데올로기가 있다고 말할 수 있을 거야. 사실상 이 세 가지 이데올로기들은 서로 밀접하게 관련되어 있으며, 문화에 따라 각기 특징을 나타내지. 알다시피 집에는 규칙이란 게 있단다. 그것은 우리가 전달하려고 하는 가치관의 방향과 일치하지. 그러한 가치관은 우리가 사는 사회 속에 뿌리를 내리고 있어. 그것은 나라의 법을 고려하며, 모든 사람의 존중하에 세워져. 또한 그것은 생명과 죽음, 그리고 살아가다가 죽는 최상의 방법을 알려 주는 종교적이거나 도덕적인 믿음에서 생겨난단다. 그것은 우리의 문화 속에 뿌리를 내리고 있으며, 우리의 정체성을 만들어 내지. 그리고 그것은 우리의 믿음과 우리 모두에게 좋다고 생각되는 것을 형성해.

Q 그런 것이 모든 사람들에게 똑같지는 않겠죠?

표면적인 차이를 제외하면 비슷해. 인간은 매우 사회적인 존재야. 인간이 극도로 어려운 환경 조건에서 수천 년 동안 살아남은 것은 상부상조·노동·총명함 덕분이란다. 사회 속에서 살아간다는 것은 어려운 일이지만, 확고한 규칙은 사회 생활을 관리하고 공동체의 생존과 인류의 지속성을 보장할 수 있게 해 주지. 이것은 수천 년 전부터 행해져 오고 있는 것이고…….

Q 그런데 종교는요?

인간은 언제나 죽음뿐만 아니라 일상 생활의 어떤 요소들 때문에 괴로워하지. 옛날에는 우리에게 두려움을 안겨 주었던 번개와 천둥, 화산의 분화, 폭풍우와 같은 자연 현상을 과학적으로 설명할 수가 없었어. 숲의 소음은 위협하는 것처럼 느껴졌지. 악의를 가졌거나 자비로운 신이 인간을 해치거나 보호할 것이라고 믿었는데, 그 믿음은 우리로 하여금 신과의 관계를 유지하게 하였으며, 그러한 관계를 통해서 우리는 일종의 힘을 얻거나 자기를 통제할 수 있었던 거야. 우리는 죽은 자의 영은 살아남아 자신이 과거에 맺은 관계에 따라서 해롭거나 친절한 의도로 고무된다고 믿었단다. 조상들의 숭배, 시체의 방부 보존, 매장, 죽은 자들을 위한 기도와 같은 관습들이 생겨났으며, 그것은 보이는 세계와 보이지 않는 세계 사이의 관계를 만들어 내는 그렇게나 많은 의식들을 구성케 하였지. 이처럼 환경·자연·죽음 너머의 인간들과 관계를 맺은 생활은 일관성 있게 종교적이고 사회적인 생활을 조직화하였단다.

Q 어째서 서로 다른 종교들이 그렇게나 많이 있는 거죠?

서로 다른 종교들은 생명의 기원과 의미, 우주의 창조, 하느님의 개념에 대한 견해의 차이에서 생겨났단다. 만약 인간이 한 신이나 여러 신들을 믿는다면, 그는 성사(聖事)와 특별한 관계를 맺으면서 자신의 괴로움을 가라앉히겠지. 샤먼에서 마법사에 이르기까지, 사제에서 죽은 자들의 영(靈)에 이르기까지, 저승과의 만남은 생활 속에서 희망을 간직하게 하고, 죽음을 평온한 지속으로 간주할 수 있게 만들어 주었어. 어떤 사람들은 우리의 감각을 통해서 판단되는 것과 같은 외관과 현실 너머에 있는 삶을 이해하기 위해서, 보이지 않는 세계와 하느님을 찾는 데 일생을 바쳤지. 그들은 표현할 수 없는 일종의 성체 배령〔예수가 최후의 만찬에서 빵과 포도주를 들고 "이것은 나의 몸이요, 나의 피니라"라고 말한 것을 유래로, 예수의 피와 살을 상징하는 포도주와 빵을 회중에 나누는 기독교의 의식〕을 통해서 직접적인 체험과 더불어 하느님과 우주를 알려고 했어. 그러한 신비주의자들은 종교적 이데올로기를 만들려고 하지 않았다: 그들은 자신들을 위해서 직접적인 체험을 가졌지만, 하느님을 찾는 또 다른 사람들과도 그것을 나누어 가졌지. 그들의 제자들은 명상하고, 나중에 가르치기 위해서 그러한 체험들을 기록해 두었단다. 다른 사람들은 성서의 숨겨진 의미를 이해하고, 거기서 생활의 교훈을 끌어내기 위해서 기록들을 읽었어. 하느님에 끌려 하게 된 그러한 체험들은 여러 가지 길을 통해서 인간들에게 전달되었지.

Q 그렇다면 종교들은 서로 다른 해석에서 생겨났군요?

그래, 세계에 대한 어떤 비전을 전달하고 보급시키려는 목적으로 신비주의자·학자·성직자의 주위에 그룹들이 형성되었어. 그룹들은 규모가 커지고 조직화되었으며, 불행하게도 간혹 다른 종교를 믿고 있는 사람들을 개종시키도록 운명지워져 있어 선교가 목적인 정복의 열정하에 힘으로 사람들에게 인정을 받았단다.

Q 그들이 전쟁을 하였나요?

그래. 그들은 우리가 '종교 전쟁' 이라 부르는 것이나, 기독교를 믿는 나라에서 '십자군' 이라 부르는 것에 참여하였어.

Q 요컨대 모든 종교들이 같은 것을 말하는 게 아니군요?

대체로 모든 종교들은 서로 많이 다르지 않아. 나는 종교 전쟁이 본질적으로 다른 전쟁과 같다고 생각한단다: 영혼을 구원한다는 핑계로 시작된 종교 전쟁은, 실제로는 권력에 굶주린 사람들의 영향력을 확장하려고만 하였으니까.

Q 우리는 이처럼 마음속에 있는 폭력을 막을 수 있을까요?

인간은 숙고하고, 자신의 사고와 행동 방법을 바꿀 수 있는 유일한 살아 있는 존재이지. 그는 타인의 이해와 동정·애타주의를 통한 넓은 의미에서의 사랑을 알고 있단다. 또한 생존을 위한 원초적 본능을 갖고 있는데, 그것은 그 자신과 타인에게 해를 끼치는 욕망의 축적으로 표현되곤 해. 지배와 권력을 낳고, 폭력이 행해지는 것은 바로 이러한 욕망 때문이야. '이기주의'라고 불리는 우리 자신의 이러한 부분을 정복해야 해. 이기주의를 지배하는 법을 배워야만 한다. 왜냐하면 우리의 주된 적이기 때문이지. 그것을 없애기란 매우 어렵고, 또 많은 노력과 인내가 요구되지만, 우리는 그것의 파괴적인 결과를 줄일 수가 있을 거야.

Q 종교적인 체험들이 인간들로 하여금 그러한 것들을 깨닫게 했나요?

그래. 종교적 체험들이 우리에게 생명은 중요하고, 또 생명은 어디든지 있으며, 생명은 길들이 교차하는 곳에서, 어떤 만남의 중간에, 가능성의 끝없는 유희를 통해서 그 스스로 창조된다는 것을 깨닫게 하였단다. 생명과 죽음은 같은 순환 현상, 같은 현실의 일부를 이루고 있다는 것을 깨닫게 하였어. 하느님은 어디든지 계시며, 모든 것 안에 계심을 깨닫게 하였지. 모든 것은 살아 있으며, 생명은 신성하다는 것을 또한 깨닫게 하였어. 사실상 모든 종교의 궁극적인 철학은 동일하다: 모든 종교들은 인간은 선한 일을 하고, 생명을 존중하며, 죽이지 말고, 이웃을 도와야 한다는 것을 주장한단다.

Q 그렇지만 실제로 일어나고 있는 상황은 그렇지 않잖아요, 그래서 인간들이 하느님으로부터 멀어진 걸까요?

이를테면 그들은 평화, 상부상조, 협력, 인간적 연대 책임의

메시지로부터 멀어졌지. 사실상 우리는 어쩌면 살아가는 법을
다시 배워야 할는지도 모르겠구나.

제5장

삶

"너의 삶이 부단히 창조중인 한 편의 예술 작품
이기를."

—로버트 린센, 〈우주의 춤〉

눈이 내린다. 수백만의 번쩍거리는 눈송이들이 흐려진 유리
창에 달라붙어서 따뜻해지고, 녹아서 물줄기로 바뀐 후에 원래
의 장소로 돌아간다.

Q 눈은 아름다워요.

그래…….

Q 고요하고요.

그렇구나…….

Q 저는 눈을 밟으며 걸을 때가 좋아요. 눈은 나의 두 발 아래에서 바드득 소리를 내며 음악을 만들지요. 눈 위에 비치는 햇빛 또한 아름다워요; 그것은 하늘에 떠 있는 별들처럼 반짝거리죠.

나 또한 이른 아침에 눈이 여전히 가볍고 공기처럼 가벼울 때, 그것을 밟으며 걷는 것을 매우 좋아한단다. 깊은 침묵이 흐르고, 나는 심장이 뛰는 소리를 들어. 잠시 동안 나는 시간을 초월해서 존재한다는 느낌을 받지.

Q 눈은 특별해요……. 물로 구성되어 있지만 물은 아니고, 그렇다고 얼음 덩어리도 아니죠. 저는 눈송이가 여러 가지 모양을 가지고 있다고 배웠어요: 별 모양, 바늘 모양, 각기둥 모양……. 모든 눈송이들은 서로 다른 것 같아요, 그렇죠?

그래, 그런 것 같구나…….

Q 그렇다면 그것은 서로 다른 인간들과 같군요?

그래, 그렇단다. 우리는 서로 닮았지만, 모두 다 각기 다르지. 그와 동시에 우리는 그렇게 서로 다르지만도 않아. 그런 면이 조금은 눈송이와 비슷하지: 그것들은 서로 다르지만, 어떤 점에서는 닮았어…….

Q 어째서 지구상에 존재하는 인종들은 서로 다르죠? 만

약 모든 사람들이 같은 피부색과 같은 종교를 가지고 있다
면 전쟁은 없을 텐데요!

우리 모두가 비슷하게 생긴 옥수수 이삭들은 아니잖니. 농담
은 그만하고, 나는 너의 말을 지지하고 싶지 않아. 같은 인종
이며 같은 종교를 믿는 이들 가운데서도 서로를 죽이는 사람들
이 있단다. 너의 말을 따르자면, 네가 생각하는 하나의 인종은
어떤 빛깔이어야만 할까?

Q 저는 초록색이었으면 해요.

인간의 피부색이 초록이든 빨강이든 파랑이든 간에 바뀌어
야 할 것은 피부색이 아니라 정신 상태야.

Q 그것을 바꾸기란 쉬운 일이 아니죠.

옳은 말이다. 인간이 안고 있는 중요한 문제는, **타인**이 변화
되기를 바란다는 거야. 자기 자신은 항상 옳다고 생각하고 말
이지.

Q 그렇게 생각하는 것이 왜 나쁘죠?

만약 저마다 타인은 그르고 나만 옳다고 생각한다면, 그것
은 다만 충돌을 초래할 뿐이야.

Q 그렇지만 자기 자신이 옳지 않다면, 어째서 옳다고 생

각할까요?

아마 타인도 너와 마찬가지로 생각할 거야.

Q 그렇다면 우리 두 사람 다 틀린 건가요?

사실상 너희들은 틀리지도 맞지도 않아. 너희 두 사람은 모두가 그렇듯이 너희들이 지각하는 대로 상황을 이해하고, 느끼는 방식대로 반응을 보이지. 너희들에게 그것은 옳은 방식이며, 그래서 그것이 진리라고 생각되면 생명이 달려 있기라도 한 것처럼 너희의 입장을 주장하곤 해. 알다시피 거의 전쟁이나 다름없단다.

Q 그렇지만 우리 두 사람 모두가 맞을 수는 없을까요?

그러나 너희 두 사람 모두가 틀리지도 맞지도 않아! 충돌이 있게 되는 것은 세워진 관계 속에서이지, 개인들 속에서가 아니야. 만약 네가 마음속에 있는 무엇인가를 바꾼다면 관계는 달라지게 될 것이고, 필연적으로 타인 또한 달라지게 마련이지. 나에게 한 친구와 겪었던 불편한 관계의 실례를 말해 보렴; 그 편이 이해하기 더 쉬울 게다.

Q 좋아요, 학교에서 마크는 제가 조제와 놀면 불만스러워해요.

그 애가 불만스러워하는지 너는 어떻게 아니?

Q 예를 들어 우리가 눈사람을 만들면 다가와서 비웃고, 또 우리의 눈사람을 무너뜨려요.

그러면 조제와 너는 어떻게 하니?

Q 그 아이를 뒤쫓아가면서 눈뭉치들을 던지고, 붙잡히면 서로 싸우죠.

그러면 모든 일이 어떻게 끝나니?

Q 결국 마크는 싸움에서 져 울면서 자기 엄마한테 가서는 우리가 자기를 좋아하지 않는다고 말해요……,

너는 그 아이를 좋아하니?

Q 아니오, 그 애는 항상 싸움을 걸어요.

그 말은 매우 의미심장하구나. 왜냐하면 마크는 너희들을 매우 좋아하기 때문이야.

Q 그런 것 같지는 않은데요……,

아니야. 그 아이는 끈질기게 너희와 놀기를 원하고 있잖니.

Q 어쨌든 그 애는 서투르게 행동해요.

너의 말이 맞아……. 그러므로 너희의 행동 방식에서 무엇인가를 바꾸어야겠구나.

Q 무슨 말이죠?

너는 무엇을 바꿀 수 있겠니?

Q 모르겠어요.

너는 누군가와 놀기를 원할 때 어떻게 하니?

Q 저는 내가 ~을 해도 되겠느냐고 물어요.

마크에게 그렇게 말했니?

Q 아니오. 그 애는 아무것도 요구하지 않아요. 자기의 의사만을 강요하고, 우리가 만드는 것을 무너뜨리죠!

그 아이는 놀이를 바꾸는 거야. 알다시피 그것은 복잡하지만, 마크가 어째서 그렇게 행동하는지 이해하도록 애쓰자. 그 아이에게 친구들은 있니?

Q 아니오, 그 애는 모든 아이들에게 똑같이 행동해요.

그 애는 모든 아이들로부터 거절당했다고 느끼고, 분노로 자신의 고통에 반응하는 거야. 그것은 악순환이 되고, 우리 각자가 자신의 입장만을 고수한다면 해결책을 찾지 못하게 되지. 여기에 각자 자신이 옳다고 생각하는 상황의 아름다운 본보기가 있어.

Q 하지만 그 애는 어떻게 자신이 옳다고 생각할 수 있는 거죠?

상황을 다르게 보도록 애쓰자: 마크는 다른 사람들을 불쾌하게 만드는 행동 때문에 고립된 아이야. 그 와중에 너희들과 접촉하고 놀 수 있는 방법을 찾고 있는데, 놀이 기구를 부수고 너희들과 싸울 때 그것에 성공하게 되는 거지. 그 아이에게는 그렇게 싸우는 것이 너희들의 참여를 유도해 내기 위해 자신이 찾아낸 유일한 놀이이며, 그리고 아마도 또 다른 놀이가 있겠지: 예를 들면 자신의 어머니로 하여금 반응을 보이고, 자신을 동정하고 위로하게 하는 놀이. 그러나 그것은 또 다른 이야기이며, 게다가 내가 주장하는 것에 대해 나는 확신하지 못해.

Q 저는 그러한 것들은 보지 못했어요……,

알다시피 마크와 관련된 이러한 상황에서 너는 감정에 따라서 반응을 보이지. 그 아이의 행동은 너의 마음속에 분노를 불러일으키는데, 그것은 너에게 속하는 어떤 물건을 부수기 때문이야. 너는 이미 물건 이외에는 눈에 들어오지 않으며, 그래서 마크도 보지 못해. 만약 네가 그 아이에게 관심을 갖는다면, 그 태도에 대해 네가 가족적·사회적인 상황을 분석하면서 다만 이해할 수 있을 감정들이 생겨난다는 것을 깨닫게 될

거야. 그래서 만약 네가 사고와 행동 방식을 바꾼다면, 그것은
마크에게 뿐만 아니라 너에게도 변화를 가져오게 될 거야. 너
는 무엇을 할 수 있겠니?

Q 저는 마크에게 말을 걸 수 있을 것이고, 우리가 함께
놀면 기쁠 거라고 말할 수 있을 거예요.

너는 자기 자신에 대해서만 말할 수 있을 뿐 조제에 대해서
는 말할 수 없을 거야.

Q 어째서죠? 조제도 기뻐할 텐데요!

아마 그렇겠지. 하지만 너는 그 소녀에 대하여는 어떤 결정
도 할 수가 없단다. 먼저 그 소녀에게 말하렴. 그리고 그 소녀
가 동의하면 너희는 함께 마크에게 말할 수가 있을 거야…….
그런데 네가 마크와 놀고 싶은 마음은 진심이니?

Q 예. 그 애는 공놀이와 하키를 굉장히 잘하고, 또 매
우 재미있는 병법놀이를 알고 있는걸요.

말을 걸 때는, 네가 그 아이에 대하여 높이 평가하고 있는 점
을 말해야 해. 알다시피 달라진다는 것은 바로 그런 거야. 너
는 나에게 그 이후의 소식을 전해 줄 테지. 원한다면 우리는 새
로운 진전에 따라서 함께 조정해 나갈 수가 있을 거야.

Q 말로는 쉬워도, 실제로 그렇게 하는 것은 쉽지가 않

아요.

쉽지 않은 게 사실이야. 자신의 사고와 행동 방식을 바꾼다는 것은 매우 어려우며, 아마도 그러한 이유 때문에 누구나 타인이 바뀌기를 바라는 것이지. 그러나 타인이 바뀌기를 바라는 데에는 많은 에너지가 들지만, 내 생각에는 자기 자신을 개선하는 데에는 보다 적은 에너지가 들 것 같은데.

Q 만약 우리가 더 이상의 결점이 없다면 좋을 텐데요!

만일 누구든지 자신에게 있는 보다 좋은 점을 발전시킨다면, 결점은 자연적으로 사라질 거야.

Q 더 이상의 전쟁이나 테러리즘·폭력은 이제 없을까요?

아마도 관념적인 세계에서는 가능하겠지. 그래도 나는 지구 곳곳이 완전한 평화의 세계에 도달하는 것은 어려우며, 가능하다 해도 즉각 이루어지지는 않을 것이라고 생각한다. 왜냐하면 자신의 장점들을 향상시키는 것과 더불어 자신의 생활 방식을 바꿔야만 하기 때문이지.

Q 예를 들면 어떻게 해야 하죠?

너 자신과 주변 사람들에 눈을 뜨면서; 눈이 내리는 걸 보는 법을 배우면서; 구름들의 경주와 태양과 벌이는 숨바꼭질놀이를 눈으로 따라가면서; 다양하고 독창적이며 창조적인 능력을 갖춘 자연 전체, 무지개들, 꽃들을 찬미하면서; 네가 그러한 독창적인 창조물이라는 사실을 충분히 자각한 채 호흡하면서, 그리고 그것을 보호하기 위해 네가 할 수 있는 일을 하면서.

Q 자연이 우리에게 가르쳐 주는 바가 많다고 이야기하고 싶은 건가요?

그렇단다. 계절의 바뀜, 죽음과 탄생의 순환, 우리 주위에 있는 것들의 변화는 우리가 누구이고, 어디서 왔으며, 또 어디로 가는지 등을 깨닫게 해주지.

Q 동물들도 우리에게 가르쳐 주는 것이 있나요?

그럼, 많이 있지. 나도 그것과 관련된 일화 하나를 알고 있단다. 어느 날 한 친구가 두 마리 말들이 정의의 개념을 알려 주었노라고 내게 말하더구나.

Q 어떻게요?

그가 다섯 살쯤이었을 무렵 조부모님이 살고 있는 농가에 머물게 되었대. 그곳에는 두 마리 말들이 있었는데, 한 마리는 회색이었고, 또 한 마리는 흰색이었어. 회색 말을 무시한 채 친구는 흰색 말만 귀여워하여 껴안아도 주고, 사과 조각들도 던져 주고 하였대. 그러다 갑자기 자신의 발에 하나의 말굽이 놓이는 것을 느꼈어: 회색 말이었지. 그 말은 친구를 아프게 하지는 않았지만, 그것을 통해서 자신의 존재를 나타내었던 거야.

그 순간에 나의 친구는 자신의 기호를 드러내 보인다는 것은
불공평의 감정을 불러일으킨다는 것을 알게 되었다더군.

Q 기호를 갖지 않는다는 것은 어려운 일이에요!

아주 흔히 기호는 개인적인 안락의 방향으로, 마음에 들고
싶고, 자신이 훌륭하며 친절하다는 말을 듣고 싶고, 사랑받고
싶은 욕망의 방향으로 치우친단다.

**Q 그런데 다른 사람들보다 나를 더 사랑해 주는 이들을
좋아하는 것은 당연한 일 아닌가요?**

우선은 그렇게 생각할 수 있어; 다른 방법으로 할 수 있는
데도 불구하고 자신을 참고 견디게 할 필요는 없지. 그러나 흔
히 기호는 배척에 이르게 해. 게다가 기호는 올바르다는 감정
을 보강하며, 순전히 개인적인 만족감을 증가시킨단다.

Q 모든 사람들을 사랑하는 일이 가능할까요?

글쎄, 마크의 예를 다시 든다면, 너를 더 인정해 주고, 너의
긍정적인 이미지를 엿보게 하기 때문에 네가 조제와 놀기를
보다 좋아한다는 것을 알 수 있을 거야. 너는 그 소녀와 있을
때면 좋은 감정을 갖게 되지. 그러나 마크를 만날 때는 친절하
지가 않지. 그 아이는 너의 마음속에 분노가 솟아오르게 하고,
그래서 너는 너의 부정적인 이미지를 갖게 된단다. 마크는 너
의 성격의 어두운 부분, 공격적이고 심지어 악하게 될 수도 있

는 부분을 너에게서 엿보도록 만들어. 우리는 자신의 악함을 깨닫게 해주는 사람들을 좋아하지 않아. 그렇지만 잘 생각해 보면, 그러한 사람들이 아마도 우리의 최고의 친구들이 될 수 있지 않을까.

Q 저로 하여금 더 나은 사람이 되도록 마크가 도울 수 도 있다고 생각하나요?

만약 네가 너희들의 관계 가운데서 무엇인가를 바꾸는 데 성공한다면, 너는 네 마음을 열어 의식 수준을 보다 넓혔을 것 이며, 그래서 당연히 너는 좀더 나은 사람이 될 테지.

Q 그런데 만약 제가 거기에 이르지 못하면, 어떡하죠?

네가 그렇게 하기 위해서 기울였을 노력만으로도 충분하단 다. 네가 다가가기 위해서 행한 기도는 어쨌든 너에게 무엇인 가를 깨닫게 했을 테니까.

Q 그 친구와 말(馬)처럼 말이죠?

그래 맞아. 인생은 우리에게 늘 자신을 개선하고, 의식 수준 을 향상시킬 수 있는 기회를 제공하는데, 그것은 엿듣기와 관 찰, 우리 주위에서 일어나고 있는 일들에 민감해지는 것을 통 해서란다.

Q 그것이 바로 하느님께서 우리에게 보내시는 징표들인

가요?

그럴는지도 모르지. 또한 그러한 것은 네가 자연이며 타인, 너 자신과의 일치 속에서 새로운 행동과 생활 방식을 배울 수 있게 하는 어떤 경험이라고 생각할 수도 있겠지.

Q 그러한 것은 성숙한 인격을 필요로 해요!

특히 많은 사랑과 겸손을 필요로 하며, 또한 그러한 태도들이 일상 생활 속에서 네가 되고 싶어하는 것에 부합된다는 확신을 필요로 한단다.

Q 어째서 사랑과 겸손이 필요하죠?

너는 누군가에게 친절한 무엇인가를 해야 하므로 거만스러운 태도 대신에 겸손을 필요로 하지; 네가 겸손하기만 하면 그것으로 족해. 친절을 베풀기 위해서 공작처럼 거만을 떨 필요는 없어. 사랑으로 말하자면, 그것은 가장 아름다운 것이지. 생명을 창조하는 것은 사랑이야. 모든 창조는 사랑의 행동이며, 아마도 하느님이 선하다고 말하는 것은 그 때문일 거야.

Q 또한 제가 어떤 노래를 작곡할 때처럼 말이죠?

모든 형식의 예술은 생명의 찬가야.

Q 그런데 어째서 항상 진지해야만 하죠?

진지하다는 것이 슬픔을 뜻하지는 않아. 즐긴다는 것은 어떤 노래를 작곡하고, 뛰고, 춤추고, 축구를 하는 것처럼 완전히 사랑의 행동이야. 웃는 것은 오로지 인간의 능력이며, 육체적이고 정신적인 건강을 유지하는 데 기여해. 우리는 더 자주 웃어야 하며, 그리고 웃기 위한 좋은 방법은 너의 유머 감각을 발전시키는 것이겠지.

Q 유머도 기술인가요? 저는 누군가가 우스갯소리를 하면, 그가 다른 사람들을 비웃고 있다고 생각했어요.

유머는 자신을 비웃게 할 수 있어야만 하는 것이야. 그것은 너무 잘난 체하지 않기 위한 하나의 방법이란다. '터무니없는 것'으로 알려지는 것에 포함되는 것은 대수롭지 않은 일이란다: 그것은 사회와 사람들의 결함을 보여 주지. 또한 그것은 아마도 무엇인가를 바꾸기 위하여 자각하는 하나의 방법이 되지.

Q 만화에서처럼 말이죠?

정확해.

Q 어쨌든 저는 아이는 낳지 않을래요.

어째서?

Q 그것은 너무 복잡하고, 힘이 들어요. 전쟁·폭력·교육…… 저는 아이들이 그 모든 것을 겪지 않기를 바라요.

두고 보면 알겠지.

Q 여하튼 저는 사상 때문에 자폭하는 카미카제 비행사들은 이해할 수 없지만, 일반적으로 자살하는 사람들은 이해가 돼요.

벌써부터 죽음을 생각해 보았던 거야?

Q 예, 가끔이오.

스스로의 목숨을 끊으려고도 시도해 보았니?

Q 아니오, 저는 단지 생각만 해보았어요.

방법에 대해서도 생각해 보았니?

Q 아니오, 저는 가끔 더 이상 이곳에 없는 편이 좋겠다고만 생각했을 뿐이에요.

이해해. 나는 모든 사람들이 일생에서 적어도 한 번은, 죽음이 곧 해방이리라고 여긴다는 걸 믿어. 너무 힘들거나 슬프고 외로울 때, 인생이 너무 부당하고 아무것도 바뀌는 것이 없다고 생각될 때이지. 이것이 네가 죽음을 생각할 때 느끼는 것들이지?

Q 예…… 학교 생활도 힘들고, 게다가 싸움들도 있어요;

수업을 받는 것도 힘든데다, 또 선생님들마저 우리더러 게으른 학생들이라고 해요. 집에서의 생활도 힘들어요; 항상 공부를 해야 하지요. 어른들은 우리를 나무라며, 또한 신뢰하지 않아요. 우리는 그들과 같아져야만 할 거예요. 친구들조차도 친절하지 않아요. 그들은 항상 누군가를 비웃죠. 어느 날 그들은 친구가 되지요; 다음날 그들은 거들떠보지조차 않습니다. 아이라는 것은 참 힘이 들어요.

인생이 최고의 선의를 가진 이들에게 상처를 줄 수도 있는 것은 사실이지만, 아울러 기쁨을 느끼고, 즐겁게 시간을 보내는 일도 있으며, 수업 또한 재미있고, 부모님이 너의 행복에 신경을 쓰고 있으며, 친구들도 친절하다고 생각될 때가 있지?

Q 예, 하지만 그런 일은 매우 드물어요.

그러나 모든 불행들은 같은 날 찾아들진 않는단다.

Q 예, 그래도!

어쩌면 우리가 더 자주 이야기를 나눌 수도 있겠지?

Q 우리가 매일같이 만난다 해도 모든 어려움들 가운데 아무것도 바꾸지 못할 거예요.

맞는 말이지만, 그것은 함께 어려움을 통과하고, 해결책을 찾으며, 즐거움을 되찾을 수 있도록 해줄 거야. 어쩌면 그것은 또한 여러 가지 것들을 요구하는 데 있어서 우리의 방법을 바꾸도록 도와 줄 테고. 부모님은 완벽하지는 않지만, 그들 또한 자신들의 장점을 향상시킬 수는 있단다.

Q 아마 그럴는지도 모르지만, 그래도 저는 아이는 낳지 않을 거예요.

어쩌면 네가 옳을 거야. 그러나 너는 출산이 나타내는 책임을 지나치게 의식하고 있는데, 생명을 전하는 일은 사랑과 책임 의식을 필요로 하는 것이란다. 생명은 굉장히 놀랄 만한 현상이지! 너는 네가 태어나서 오늘날의 아이가 될 수 있는 확률이 수백만분의 일이었다는 사실을 알고 있니?

Q 그것은 씨들이라고 해서 모두 나무로 자라지 않는 것과 조금 비슷해요!

그것은 씨들이 발육을 위해 무척 애쓰고, 메마르고 비옥하지 못한 땅속에서도 물과 영양분을 찾고, 마침내 성숙하게 되어서 자신들의 차례에 생명을 만들어 내기 위해 간신히 자라는 것과 비슷하지. 자연 속에서는 생명을 만들어 내기 위한 모든 기회들이 훌륭하단다; 그것이 자연의 다양성과 풍부함을 만드는 것이야.

Q 생명은 저절로 만들어지나요?

사실 저절로 만들어지지는 않아. 생명은 구성 요소들간의 관계와 상호 작용으로 만들어진단다. 조건들이 알맞으면 자동적으로 무엇인가가 일어나지. 이를테면 물을 예로 들어 보자: 물은 한 개의 산소 입자와 두 개의 수소 입자 간의 결합인데, 그것을 통해서 이 두 기체들은 액체로 바뀌게 돼. 그 물이 얼음으로 바뀌기 위해서는 온도가 섭씨 0도로 내려가야 하고, 그것이 수증기로 바뀌기 위해서는 100도로 데워져야만 해. 그것이 눈으로 바뀌기 위해서는 대기 속에서 응고되어야만 하고. 알다시피 이러한 모든 변화들은 저절로 만들어지지 않으며, 모든 조건들이 결합되어야만 한단다. 그것은 필연적이며 결정적이지.

Q 그런데 얼음은 다시 물이 될 수가 있어요.

그래, 조건들이 바뀐다면 가능하지.

Q 그렇다면 우리는 과거로 되돌아가서 전쟁들을 멈출 수 있을까요?

우리는 과거로 되돌아갈 수는 없지만 전쟁들을 멈출 수는 있지. 우리는 시간의 흐름에 따라서 이미 실현된 일들의 순서를 바꿀 수는 없어. 그 대신에 미래를 개선하기 위해서 우리의 생활 방식을 바꿀 수는 있단다. 예를 들어 우리는 물질에 대한 소유욕을 줄일 수 있을 거야.

Q 아무것도 소유하지 말아야 하나요?

엄밀하게 말하자면 그렇지는 않아. 그것은 우리가 통치욕에 대해서 말했을 때와 같단다: 그것은 네가 무엇을 소유하고 싶어하는지와 무슨 이유로 그것을 소유하고 싶어하는지에 달려 있지. 자신과 타인에게 긍정적이고 아름다우며, 조화롭고 행복한 것을 창조하기 위해서 생명의 근원이 되는 욕망을 자신의 마음속에 품어야만 해. 우리가 물질에 대한 소유욕을 품고 있다면, 선망과 질투·원한을 만들어 내게 마련이거든. 음모와 탐욕으로 향하여진 정신을 발달시키면, 그때 우리는 거의 전쟁을 하고 있는 것이나 마찬가지야.

Q 그처럼 행동하지 않기 위해서는 어떻게 해야만 하죠?

우리가 권위의 남용과 납치의 가능성으로부터 자신을 지키는 방법에 대해서 말할 때, 세 가지의 질문들에 대답할 수 있어야 한다고 말했었는데, 너 기억하니?

Q 예.

뭐라고 했었지?

Q 만약 제가 세 가지 물음들——그 요청이 나를 기쁘게 하는가, 부모님은 내가 어디에 있는지 알고 계시는가, 곤경에 처하였을 때 혼자서 해결할 수 있는가——에 "예"라고 대답할 수 없다면, "아니오"라고 모르는 사람의 요청을 거절해야 한다고 말씀하셨지요.

훌륭해. 욕망의 경우도 그것과 조금은 비슷하단다. 너는 스스로에게 다음과 같은 질문들을 할 수가 있지: 나는 정말로 그러한 것을 필요로 하는가, 혹은 그러한 것을 필요로 하는 것이 다른 사람들처럼 하기 위한 일시적 기분이나 유행을 따른 것은 아닌가? 내가 원하는 것을 손에 넣는 일이 나를 포함해서 누군가에게 손해를 입힐 위험은 없는가?

Q 원하는 것을 손에 넣는 일이 어떻게 저에게 손해를 입힐 수 있는 거죠?

그것은 네가 무엇을 원하느냐에 달려 있어. 우리의 욕망의 결과들은 흔히 매우 먼 옛날로 거슬러 올라가게 되지. 하나의 실례를 들어 보자: 네가 핼러윈 축제 때 너무나 많은 사탕·과자들을 먹는다면, 기분은 좋겠지만 다음날 배탈이 나게 될 거야. 결과가 즉각적이지만 매우 위험하지는 않지. 만약 네가 어떤 시험이나 경기에서 속임수를 쓴다면, 너는 교수님과 친구들, 그리고 부모님의 신뢰를 잃을 위험이 있어. 만약 네가 담배나 마약을 한다면, 그리고 그것이 단지 경험을 위해서라면 아마 별다른 결과들은 없겠지만, 만약 네가 거기에 취미를 갖게 되고 그러한 것을 손에 넣기 위해 다만 살아가고, 그래서 너의 생활을 이끄는 것이 너 자신이 아니라 마약이라면, 장래의 결과들은 너의 건강과 인간 관계, 너의 인생 전체에 매우 큰 손해를 입힐 위험이 있단다. 즉각적인 즐거움을 얻기 위해서 그만한 대가를 치를 필요가 있겠니?

Q 제가 학교에 가고 싶지 않을 때도 그와 같은 경우에 해

당되나요?

그렇단다.

Q 그런데 어떤 것이 저에게 유익한지 아닌지를 어떻게 알 수 있죠?

너의 욕망이 너와 주변 사람들에게 지속적인 행복이 되는 방향으로 향한다면, 그리고 그러한 행복이 아무에게도 손해를 입히지 않고, 어느 누구도 그러한 행복을 빼앗기지 않는다면 유익한 것이라 하겠지.

Q 환경 보호처럼 말이죠? 오염시키는 것은 즉각적인 이익은 될 수 있지만, 모든 사람들에게 손해를 입히죠?

그것은 훌륭한 실례로구나. 나에게 네가 이해하는 것을 설명해 보렴.

Q 공장들은 환경을 오염시키는데, 왜냐하면 기업주들이 더 많은 이익을 남기기 위해서 오염 방지 장치를 설비하지 않기 때문이며, 그리고 그것은 우리가 호흡하는 공기와 사용하는 물의 질을 떨어뜨려요; 계절들은 급격히 변하게 되고, 그러한 모든 것은 우리를 병들게 할 수 있지요.

그것은 사태에 대한 훌륭한 이해로구나. 너는 소비자들이 없는데도 그렇게나 많은 제품, 따라서 그렇게나 많은 오염이 있으리라고 생각하니?

Q 아니오, 하지만 제품은 우리가 그것을 사용하므로 존재하는 거잖아요.

사실 우리에게 필요한 제품과 일시적인 욕망을 만족시키는 데만 사용되는 제품을 구별해야만 한단다. 양초와 장작을 사용하던 때로 돌아갈 필요는 없지만, 소비를 줄일 필요는 있어. 우리는 광고가 제안하는 모든 것을 필요로 하지는 않아. 과소비와 그에 따른 오염을 중단시키기 위해서, 자발적으로 검소한 생활을 실천하기를 권하는 단체들도 있지.

Q 우리가 광고들에 저항할 수 있나요?

나는 우리가 그러한 생활 방식을 채택한다면 시민으로서 많은 힘을 갖게 된다고 생각해. 기업들은 소비자들이 광고에 덜 영향을 받고, 보다 많은 것을 요구한다면, 자신들이 만들어 내는 제품의 생산과 품질에 관련된 목표를 수정하지 않을 수 없을 거야.

Q 그러면 실업자가 늘어날 텐데요!

욕망을 줄임으로써 우리는 좀더 적은 돈을 필요로 하게 될 거야. 그것에 의해서 바뀌게 되는 것은 천연 자원의 활용 과정이지.

Q 그리고 또한 재활용이 있어요…….

더욱이 그것은 좋은 물건들을 이용하고, 새로운 일자리들을 만들어 내는 훌륭한 방법이지.

Q 우리는 그와 같은 방법으로 폭력과 전쟁의 진행을 무너뜨릴 수 있나요?

그래, 그러한 변화가 생기는 것은 각자의 마음속에서란다.

Q 지금까지 말씀하신 모든 것들이 저에게는 실행하기 매우 어려운 일처럼만 느껴져요…….

맞는 말이지만, 그것이 가능한 유일한 방법이다.

Q 그것을 어떻게 아세요?

왜냐하면 사랑은 자연적으로 평화의 과정이 시작되게 하는 창조의 과정이기 때문이지.

Q 하지만 제가 친절하다고 해서 모든 사람들이 친절하지는 않을 텐데요?

그래, 하지만 너의 친절이 평화의 방향으로 향하는 결과들을 낳게 될 거야. 누구도 타인을 바꿀 수는 없어; 우리는 우리 자신이 만들어야 하는 재료이며, 그래서 우리는 전적으로 우리의 행동에 책임이 있지. 해결책인 미래의 평화는 모든 면에 있어서——관용, 우애, 분배, 모든 일에 최선을 다한다는 약속——생명의 존중을 통해서 가능하단다.

Q 그것은 완전히 하나의 계약과 같군요!

우리는 일생 동안 하루하루를 살아가야 하며, 동시에 성공을 차례로 체험해야 할 거야. 너는 자라게 되고, 재미있는 것들을 배우게 되며, 그 재능을 발전시키고, 마음을 열고서 너 자신의 삶을 창조하게 될 테지. 나는 너를 믿는다. 그때를 기다리면서 즐겁게 놀고, 친구들과 웃고, 노래도 작곡하고, 너의 자질을 개선하고, 그리고 세상에서 일어나고 있는 무서운 일들은 잠시 동안이나마 그대로 내버려두어라.

제6장

용 서

> "해방은 우리의 육체적인 본성으로서는 건강을 찾는 것이고,
> 우리의 사회적인 존재로서는 친절을 찾는 것이며,
> 우리의 자아로서는 사랑을 찾는 것이다."
>
> —타고르, 〈사다나〉

벽난로 안에서 탁탁 소리를 내며 불이 타오르고 있다. 타고 있는 장작들이 꿈꾸는 듯한 눈들 속에서 반짝반짝 빛난다. 불꽃들은 희미한 빛을 조롱이나 하는 듯하다. 따뜻한 열기가 육체를 감싸고 마음을 위로하면서 자유로워진 정신은 부드러운 아늑함 속에서 속내 이야기들로 향하게 된다…….

Q 어렸을 적에 어떤 어려움들을 겪어 보았나요?

어느 누구나 모든 연령에서 그러한 것들을 겪는단다.

Q 언제 그것에 대하여 이야기해 주실 수 있어요?

그래, 원한다면. 나에게 한 가지 아이디어가 있는데……. 가계도(家系圖) 만들기 놀이를 하면서, 동시에 그 역사를 이야기할 수 있을 거야.

Q 어떻게 하면서요?

우리는 한 장의 큰 종이나 노트를 준비한 후, 세대들을 순서대로 열거하고 각자의 이름 옆에는 그 특징들이며 유명한 일화들을 적어두면서 가족사의 흐름을 거슬러 올라갈 수 있을 거야.

Q 또한 사진들을 덧붙일 수도 있겠죠?

훌륭한 생각이로구나. 우리는 닮은 점과 닮지 않은 점, 옷과 머리 모양을 통해 각 시대들을 알게 되겠지. 그러니까 시간을 거슬러 올라가면서 가족의 변화를 재현하게 될 거야.

Q 우리 가족에 대한 이야기를 전부 다 알고 있나요?

아니, 아주 조금 알고 있을 뿐이야; 너의 도움이 필요해: 너는 질문들을 할 테고, 내가 너의 질문에 답할 수 없을 때에는 다른 누군가에게 물어볼 거야. 다른 식구들을 끌어들인다면, 아마 가계도를 완성할 수 있을 거야. 각자는 자신이 알고 있는 일화들을 이야기하게 될 테지; 정말 재미있겠는데.

Q 아마 그들은 참여하고 싶어하지 않을 텐데요!

어쩌면 그럴는지도 모르지. 이따금 힘든 이야기들은 너무나 많은 고통들을 상기시키는데, 그래서 누구도 그러한 것들에 대하여 말하기를 원치 않거든.

Q 그러면 저는 그들의 일생에서 일어난 일들을 알 수가 없나요?

그렇더라도 우리는 신중하고 편견 없이, 마음을 열어두고서 기다리면 알 수가 있을 거야. 아직 아무도 알지 못하는 비밀들을 누군가가 함께할 준비가 될 때까지 기다리는 거지. 우리는 또한 모든 걸 다 알 필요는 없는 거야: 누구나 자신의 정원을 홀로 가꿀 권리가 있는 거니까. 그것은 단순한 존중의 문제야.

Q 하지만 몹시 아픈 추억들을 되살리는 건 어쩌면 좋은 생각은 아닌 듯해요.

설령 아픈 추억이라도 그렇게 하는 것이 이따금 좋은 일이 되기도 한단다. 그것은 대대로 전해져 내려오면서, 마비시킬 정도였던 조상들에 대한 공포에서 해방될 수 있게 하거든.

Q 그것이 싸움들을 일으킬 가능성은 없어요?

오래된 원한들이 다시 나타날 수 있는 것도 사실이야. 하지만 어쩌면 서로 이야기를 나누고, 화해할 수 있는 기회가 될 수도 있어.

Q 저는 그것이 좋은 생각이라고는 여기지 않는데, 왜냐하면 지금 **우리는** 모든 이들과 잘 지내고 있기 때문이죠.

만약 그것이 사실이라면 너는 두려워할 필요가 전혀 없어. 그런데 만약 그것이 실제로는 그렇지 않다면 그런 체한다는 뜻이겠지?

Q 그런데 서로 싸우는 일이 더 낫다니오!

그것은 거의 자신을 지키는 것보다는 오히려 '강탈'을 하는 학생들에게 대가를 치르게 하는 것이 더 나은 것과 같겠지?

Q 그것은 비슷한 경우가 아니에요.

그렇게 생각하니? 너는 만약 바로 곁에서 전쟁이 암암리에 은밀히 진행되고 있다면, 세계 속에 평화를 어떻게 이룩하길 원하지?

Q 예, 그러나 가족은⋯⋯.

너는 머릿속으로 무엇인가를 생각하고 있지, 그렇지 않아?

Q 예, 저는 폭력과 권력 남용으로 고통받는 모든 아이들, 그들을 팔아 버린 부모들을 생각해요. 그들은 도저히 화해할 수가 없어요: 그들은 분노와 슬픔에 빠져 있을 것이고, 그래서 틀림없이 자신들의 가족 중 어느 누구도 다시 만나

기를 원치 않아요.

너는 매우 중요한 문제, 아마 지금까지 우리가 함께 다루었던 모든 문제들 가운데 가장 중요한 문제, 그리고 또한 해결하기 가장 어려운 문제를 제기하고 있구나.

Q 그것이 무엇이죠?

용서.

Q 용서라구요? 그러한 폭력의 피해자들은 결코 용서할 수 없을 거예요. 어쨌든 저라면 그렇게 하지 않을 겁니다.

부정과 권력 남용에 대한 너의 분노는 매우 정당하다. 용서는 맨 먼저 생기는 감정이 아니지. 복수하고 고통을 주고 싶은 욕망인 분노와 원한을 맨 먼저 느끼는 것은 당연해. 그것은 힘이 없어서 폭력을 당하고, 육체적·정신적으로 고통을 받으며, 지구 도처에서 버림을 받아 폭풍우 속에 홀로 남겨졌다고 느끼는 피해자에게 새로운 힘을 주는 것이니까.

Q 왜 용서해야 하죠?

용서는 가장 높은 차원의 사랑이야. 용서 없이는 마음속에도, 가족 속에도, 세계 속에도 평화는 있을 수가 없는 거란다.

Q 그러면 공격자들을 벌하지 말아야 해요?

그들이 해를 입히고, 고통을 주는 것은 막아야 해. 그들이 우리에게 되풀이하여 비난받도록 해서는 안 되니까. 폭력의 진행을 멈추기 위해서는 우리의 마음에서 증오를 몰아내어야 한단다. 우리는 증오와 분노·폭력 없이 누군가를 재판하고, 벌하고, 감금하기 위하여 사법에 도움을 청할 수가 있지.

Q 하지만 그렇게 악독한 사람들과는 해야 할 일이란 아무것도 없어요.

결코 절망하지 말아야 해. 항상 누군가는 자신이 저지른 잘못을 깨닫고 마음을 바꾸기로 결심할 수 있는 거야. 그가 자신의 생활에 어떤 의미를 찾아 사회적으로 통합되며, 그래서 다른 이들에게 필요한 사람이 될 수 있도록 하기 위해서는 육체적·정신적으로 도와야 한단다.

Q 그러나 일이 항상 잘 진행되지는 않아요.

그래, 네 말이 사실이긴 하지만, 만약 단 한 사람이라도 폭력으로부터 해방시킬 수 있다면, 그것은 지속될 만한 가치가 있는 거란다.

Q 어째서 악독한 사람들은 변화하지를 않죠?

왜냐하면 그들은 폭력 속에서 살아왔으며, 그래서 사랑을 받지 못하였고, 그러한 사랑의 결핍으로 많은 고통을 겪었기 때문이란다. 그들은 생존을 위한 난폭한 행동만을 배웠으며, 그래서 분노의 감정과 복수심을 품고 있지. 또한 줄 줄도 받을 줄도 모르는 사랑을 지속적으로 찾고 있으며, 자신들이 느끼고 있는 원한이 끝없이 계속되는 새로운 폭력의 순환 현상을 불러일으킨다는 것을 깨닫지 못하고 현재의 고통의 원인들을 타인에게 돌리지.

Q 하지만 그들이 고통을 받았다면, 어째서 같은 일을 되풀이하죠? 반대로 그들은 중단해야만 해요!

중단하기 위해서는, 그들이 그러한 폭력의 순환 현상에 자신들이 적극적으로 참여했음을 깨달아야 할 것이야. 그들은 언제나 자신들이 당한 부당함을 만회하기라도 하듯이 과거에 일어난 일들에 반응을 보인단다. 그들은 분노가 폭력의 과정을 만들어 내는 부정적인 감정들을 품게 한다는 것을 이해하지 못하고 있어.

Q 그렇다면 그들은 어떻게 해야만 하죠?

그들은 폭력에 이르게 하는 부정적인 생각들을 품는 것을 멈추고서, 그러한 과정을 수정하기 위해서 용서하는 법을 배워야 해.

Q 우리의 생각들이 어떻게 일련의 난폭한 행동들을 불러일으키죠?

생각은 행동보다 앞서지. 분노를 되새기는 것은 복수를 위한 음모의 궁리를 조장하게 돼. 그러므로 긍정적인 방향으로 행동의 변화를 조장하기 위해서, 우리의 생각들을 선과 사랑·희망·신뢰 쪽으로 돌려야 한단다.

Q 악독한 살인자라도 변화될 수 있나요?

그래, 그도 자신이 저지른 잘못을 깨닫고서 생활을 바꾸려고 할 수 있어. 그러므로 긍정적인 마음을 간직해야만 해. 그러나 계속해서 조심하고, 자신을 보호해야만 하는 것은 틀림없는 사실이야. 왜냐하면 그러한 모든 것도 우리가 보호에 관해서 나누었던 토론들과, 내가 너에게 던졌던 세 가지 질문들 가운데 아무것도 달라지게 하지 않기 때문이란다.

Q 알고 있어요. 그런데 용서가 어떻게 폭력을 멈추게 할 수 있죠?

용서는 어떤 관계의 모든 차원들에서 긍정적인 결과를 이끌어 내며, 그래서 세계 속에 평화를 공고히 유지시켜 준단다. 개인적인 측면에서 용서는 마음을 치유하는 마지막 단계야. 그것은 타인에 대한 부정적인 감정들이 희미해지고, 그리고 소멸되는 평화스러운 상태이지. 보다 높은 차원에서 부정적인 감정들은 여전히 고통 속에 살고 있으며, 그래서 비난받을 만한 행동들을 저지르면서 그러한 고통을 나타내는 사람에 대한 동정으로 바뀌게 된단다. 그리고 용서는 타인 속에서 자신을 닮은 인간, 자신처럼 행복을 찾고 있는 인간을 볼 수 있는 능력이며, 우리가 자신을 위해서 추구하는 것처럼 그 또한 평화와 사랑, 분배와 기부의 기쁨을 발견하기를 바라는 것이야. 그러한 과정은 폭력에 이르게 하는 부정적인 생각들의 연결을 가로막으며, 그래서 세계 속에 평화를 조장한단다.

Q 저는 친구들이 친절하지 않더라도 그들을 용서해요. 그래서 우리는 그런 일에도 불구하고 계속해서 함께 놀지요.

너는 그들을 용서하기 위해서 어떻게 하니?

Q 저는 그들이 저에게 한 일에 대하여는 생각지 않아요.

용서란 단지 그런 것만이 아니란다. 간혹 너는 그러한 일들을 생각지 않을 수는 있지만, 마음의 상처는 어떤 비밀 서랍 속에 남아 있게 되지. 이후에 그것들은 다시 나타나서 큰 고통을 안겨 주기도 해. 온갖 작은 일들이 쌓여 산처럼 크게 되어서, 너 또한 정확한 이유도 알지 못한 채 폭발하게 된단다.

Q 그러면 어떻게 해야 하지요?

불만족들은 그 즉시 해결하여야 해. 그래야 그것들이 잠들어 있다가 이후에 너에게 두통을 안겨 주는 비밀 서랍이 없게 된단다.

Q 그런데 모든 것이 다 같이 중요하지는 않아요. 이따금 별것 아닌 일들과도 관련되곤 해요.

네 말이 옳아. 그 대신 너를 고통스럽게 만들고, 너의 마음을 흔들어 놓는 일들은 아무리 힘들더라도 직접 해결하지 않고 그대로 남겨두어서는 안 된단다.

Q 가계도가 사용될 수 있는 것은 그런 경우겠군요?

그것도 맞는 말이야.

Q 혹여 용서받아야 할 일들이라도 있나요?

아마 몇 가지 일들이 있겠지. 우리가 사는 동안 누군가를 헐뜯지 않고 평생을 보낼 수는 없어. 나는 너에게조차 원치 않는 고통을 안겨 주었을는지도 몰라.

Q 용서를 받는 것은 중요한 일인가요?

우리가 뜻하지 않게 누군가를 괴롭혔을 수도 있다는 점을 인정하는 것이 중요하단다. 솔직하게 뉘우치는 것은 용서와 같은 힘을 갖지. 만약 상처를 입은 사람이 죽었거나, 사이가 벌어졌거나, 또한 먼 곳에 살고 있거나 해서 이젠 곁에 없다면 우리는 그의 용서를 받을 수가 없어. 그럴 때에는 솔직한 뉘우침으로도 충분해; 물론 그것은 잘못을 되풀이하고 싶지 않고, 다시 잘못을 저지르게 할 수 있는 함정들을 피하기 위해서 모든 것을 하고 싶은 그만큼의 솔직한 욕망과 더불어 실행된단다.

Q 자신을 용서한다는 것이 그런 건가요?

그렇단다. 죄의식을 간직하고 있는 것은 아무 소용 없는 짓이야: 언제나 자신과 타인을 위해서 최선의 행동을 하는 것이 중요하다는 생각을 머릿속에 간직한 채 앞으로도 계속해서 최대한 잘 살아가야만 해.

Q 사실은 누구나가 나쁜 행동들을 저질러요. 어느 날은 그런 나쁜 행동을 저지르는 사람이 저이고, 다른 날은 친구인 거죠.

그리고 또 다른 날은 나의 차례이지. 중요한 것은 나쁜 짓을 하려는 의도를 가지고 어떤 행동도 취하지 않는 것이야. 모든 사람들은 뜻하지 않게 잘못들을 저지르는데, 그것이 인생이며 자신의 장점들을 향상시키기 위해 필요한 경험이란다.

Q 그러므로 용서하는 것이 중요한 일인가요?

그래. 또한 각자의 인생은 인류 전체의 느린 진화의 결과라는 사실을 이해해야만 한단다. 현재의 인생은 우리의 세포들 속에 기록된, 수많은 경험들로 이루어진 그러한 과정 속에 포함되어 있어. 용서한다는 것은 다음 세대의 성장을 돕는 것이야. 그러므로 모든 형태의 사랑을 길러야만 해. 용서하는 것은 사랑이란다. 사랑은 모순들을 초월하지. 그것은 단 하나의 같은 현실 속에 다름들을 통합시키고. 사랑은 선물이야. 네가 한 번의 미소를 보내면, 한 번의 미소를 받을 거야. 네가 한 번 아양을 떨면, 한 번이나 가끔 두 번의 아양을 받을 것이고. 너는 네가 주는 것 가운데 아무것도 빼앗기지 않으며, 또한 모든 것을 돌려받고, 게다가 그 이상의 것도…… 우리가 주는 것은 우리가 받는 일련의 무한한 좋은 것들과 함께 돌려받는단다.

Q 그러나 우리는 항상 돌려받지는 않아요: 친구들 가운데서도 어떤 아이들은 제가 자기들에게 친절하다는 사실조차 알지 못하는걸요.

친절함은 너에게서 아무것도 빼앗지 않아. 베풂은 주는 사람에게서 아무것도 빼앗지 않고.

Q 가끔 우리는 간절히 받고 싶어하기도 하지요!

그것은 거래라고 불리는 것이지 사랑은 아니야. 사랑은 보답을 기다리지 않고 주는 거야. 그것은 물물 교환이나 흥정이 아니란다; 그것은 무상의 선물이지. 너는 우리가 구체적으로 아무것도 주지 않는데도 불구하고 언제나 무엇인가를 받고 있는 거란다.

Q 그런데 그런 것들은 무엇이죠?

너는 마음에 따라 행동하는 데서 만족감을 느끼지; 너는 타인이 말하지 않더라도 그가 기뻐하면 따라 기뻐해. 또한 너는 친절했을 때에 긍정적인 결과들을 볼 수가 있어: 아마 너의 친구는 기분이 좋아질 테고, 그래서 그의 주위에 있는 모든 사람들도 덩달아 기분이 좋아질 거야. 긍정적인 행동의 결과들은 무한하지만, 아주 흔히 그것들은 완전히 눈에 띄지 않은 채 지나가 버린단다.

Q 인도주의적인 행동들처럼 말이죠?

사실 자원봉사자들이 자신들이 갖다 주는 후원의 대가로 무엇인가를 기다린다면 그들은 실망할 테고, 그래서 즉시 자신들의 활동을 멈추겠지. 그러나 그들이 계속할 수 있는 이유는 기대를 품지 않기 때문이야. 그들이 직면하는 엄청난 난관에도 불구하고 자신들의 힘과 보답을 발견하는 것은 사랑을 통해서이지.

Q 이제는 인생과 평화·전쟁·폭력에 대한 우리의 사고와 행동이 미치는 영향을 이해할 수 있을 것 같아요. 어쩌면 저는 생각을 바꿔서 아이들을 낳아야겠어요.

그것 참 놀라운 소식이군! 그러므로 우리의 가계도 만들기는 당연한 일이겠지: 장래의 손자들은 틀림없이 자신들의 조상들에 대하여 질문할 테고…….

Q 내일부터 시작할 건가요?

그래. 조금만 더 기다리면 불들이 꺼지겠구나. 너는 자러 갈 거니? 좋은 꿈 꾸도록 뽀뽀해 줄까?

후 기

　전 세계에서 들려오는 처참한 소식들에도 불구하고 저는 어른들과 아이들에게 인생에 대한 희망과 신뢰를 전달하고 싶었습니다. 저는 평화롭고 균형잡히며, 편견들에 사로잡히지 않고 관용과 존중에 토대를 둔 인간 관계를 유지하게 하는 몇 가지 방법들과 함께하고 싶었습니다. 제가 그러한 목표에 도달했는지는 모르겠습니다. 그래서 저는 이 책에 관한 여러분의 의견을 구하고 싶습니다. 이 책이 여러분에게 도움이 되었으며, 여러분으로 하여금 숙고하게 하고, 더 나은 인간 관계로 발전시킬 수 있게 하였습니까? 저에게 이러한 글을 적어 편지로 보내 주세요. 여러분의 견해는 다른 부모와 아이들로 하여금 인생의 시련을 통과하도록 도와 줄 것입니다.

　감사합니다.

마리 클로드 그로

마리 클로드 그로

체계적인 지도를 하는 임상심리학자로서, 1988년부터 개인 사무실에서 다양한 손님을 상대로 일하고 있다. 10년 전부터 생명·사회 심리적인 관점에서 몬트리올대학교에 이어 셔브룩대학교에서 가정의학을 전공하는 인턴들을 교육·감독하고 있다. 또한 대학교의 가정의학대학에서 의사와 환자 사이의 교류와 관련된 업무를 주관하는 위원회에 참여하고 있으며, 특히 직업 윤리와 건강 영역에서 제 과학 분야의 상호 연관성 및 여러 문화의 공존에 관심을 가지고 있다.

우강택

건국대학교와 동대학원을 졸업하고, 프랑스 투르대학교에서 프랑수아 모리아크를 연구하여 불문학 박사학위를 받았으며, 현재 건국대학교 강사로 일하고 있다. 논문으로는 〈L'ombre et la lumière dans l'œuvre romanesque de F. Mauriac〉(1997) 〈클로드 모리아크의 《부동의 시간 4(말라가르의 테라스)》에 나타난 부동의 시간에 관한 연구〉(2003) 등이 있으며, 역서로는 《도덕적 명령》(2001)이 있다.

아이들에게 설명하는 테러리즘

초판발행 : 2005년 9월 20일

東文選

제10-64호, 78. 12. 16 등록
110-300 서울 종로구 관훈동 74
전화 : 737-2795

ISBN 89-8038-823-3 04300
ISBN 89-8038-050-X (세트/현대신서)

東文選 文藝新書 2006

엄마 아빠,
전 못하겠어요!

엠마누엘 리공 / 이창실 옮김

"아이가 자신감이 없어요. 금세 좌절해 버려요. 자기 능력을 의심해요……"라는 말을 부모로부터 자주 듣게 되는데, 이런 지적을 무심코 넘겨서는 안 된다. 아주 어린 시절에 이미 행복하고 균형 잡힌 삶의 바탕이 되는 자긍심이 형성되기 때문이다. 그런데 자아에 대한 내면의 가치 의식이 때로는 나이에 상관없이 아이들에게 결여될 수 있다.

임상심리학자이자 심리치료사인 엠마누엘 리공은 이 책에서 아이가 확고한 자아를 확립하고 안정감을 가질 수 있도록 도우면서, 부모들이 제기하는 다음의 질문들에 답변한다.

- 자긍심은 어떻게 형성되는가?
- 외부의 영향력은 얼마나 큰 비중을 차지하는가?
- 교육의 원칙들로 말미암아 아이가 스스로를 평가절하할 수도 있을까?
- 아이는 어떤 행동들을 통해 자신감의 결여를 드러내는가?
- 어떻게 '적절한 정도'의 칭찬을 해줄 수 있는가?
- 어린아이도 자신을 의심할 수 있을까?
- 자신을 사랑하지 않는 청소년에게 어떤 도움을 줄 수 있을까?

아이가 자신을 사랑하고 존중하도록 돕기. 삶의 각 단계를 넘어설 수 있도록 아이에게 근본적인 신뢰감을 부여하기. 본서는 우리에게 이런 가르침을 주며, 지금까지 너무 자주 소홀히 여겨져 온 주제에 대해 새로운 시야를 열어 보인다.

東文選 文藝新書 2005

부모들이여, '안 돼' 라고 말하라!

파트릭 들라로슈 / 김주경 옮김

"금지하는 것은 금지되었다." 이 역설은 부모의 권위가 실추되어 가고 있는 사회를 폭로한다. 그 사회에서 어머니들은 너무 권위적이 되는 것을 두려워하는 반면, 아버지들은 아버지 이미지가 점차 약해져 가는 것을 두려워한다. 그런데 체험된 경험과 임상 실험에 의한 관찰은 아이가 어른으로 성숙해 가기 위해서는 반드시 한계선을 필요로 한다는 것을 증명해 준다. 자녀에게 감히 '안 돼' 라고 말하지 못하는 부모들의 태도는 교육을 돕기보다는 교육의 기준을 무너뜨리고 있다.

- 어디에서 금지가 필요한가?
- 무엇을 거부해야 할까?
- 벌을 꼭 주어야만 할까?
  벌을 줘야 한다면 어떻게 주어야 할까?
- 위반에 대해서 어떻게 반응해야 할까?
- 성에 관한 문제에서는 어떤 태도를 취해야 할까?

정신분석가이자 소아정신과 의사이며, 《문제 있는 청소년기》의 저자인 파트릭 들라로슈 박사는 감히 한번도 안 된다고 말해 보지 못한 많은 아버지와 어머니들이 제기하는 이런 문제들에 답하고 있다. 그는 자녀에게 해서는 안 되는 것을 금지할 때 부모 각자가 해야 할 역할과 기능을 설명하고 금지의 필요성을 정의하면서, 확고하면서도 결코 지나치게 엄격하지 않은 교육을 옹호한다. 그것이야말로 아이가 훗날 의무와 구속의 사회 속에 제대로 자리잡을 수 있도록 도와 주는 유일한 방법이 아니겠는가? 이 요청은 심리학적 개념들이 너무나 자주 잘못 이해되고 있는 탓에 희생자가 되어 버린 많은 부모들을 죄책감에서 해방시켜 줄 것이다.

東文選 文藝新書 2002

상처받은 아이들

니콜 파브르

김주경 옮김

　우리가 유년기를 아무리 구름 한 점 없는 행복한 시기로 꿈꾼다고 해도, 그 시기가 우리의 바람처럼 언제나 낙원인 것은 아니다. 유년기 속에는 여러 가지 함정, 크고 작은 시련들이 숨겨져 있다. 아이는 이러한 것들 덕분에 자신을 튼튼히 세워 가기도 하고, 또한 이러한 것들 때문에 상처를 입을 위험도 있다.

　가정과 학교에서 어른들은 때때로 아이들에게 아픔을 주기도 하고, 그들의 고통스러운 외침에 귀를 닫기도 한다. 또 곁에 없는 부모로 인해 상처를 입은 아이가 생기는 것은, 아이에게 그 부모의 빈자리를 제대로 설명하지 못했기 때문이다. 뿐만 아니라 어떤 사실에 대해 아이에게 전혀 말을 하지 않고 비밀을 만드는 것은 아이를 무력하게 만들며, 삶의 의욕마저 앗아 갈 수 있다. 아이의 허약한 육체나 질병도 삶에서 심리학적인 문제를 가져올 수 있다. 유년기에는 이처럼 찔리고 터지고 깨지고 찢어진 온갖 상처들이 존재할 수 있다. 그런데도 흔히 우리는 아이가 표현할 수 없는, 혹은 표현할 줄 모르는 고통 같은 것은 옆으로 제쳐 놓기 십상이다.

　담임 선생님을 싫어하는 파비앙, 어머니의 비극적인 죽음을 가슴에 묻어두었던 상드라, 침묵에 짓눌린 프랑크, 뱃속에서부터 이미 손상되었던 세브랭의 경우 등을 통해서 정신분석가 니콜 파브르는 상처가 밖으로 표현됨으로써 아물어 가는 것을 보여 주고 있다. 그녀는 치료 과정에서 심리요법이 하는 역할과 아이가 정신분석가에게서 구할 수 있는 도움을 놀랍도록 섬세하게 설명해 주고 있다.시련이란 일단 극복되고 나면 균형잡히게 자라도록 받쳐 주는 개성을 이루는 하나의 흔적이 될 수 있기 때문이다.

東文選 文藝新書 2001

우리 아이들에게
어떤 지표를 주어야 할까?

장 뤽 오베르 / 이창실 옮김

가족이 해체되고, 종교와 신앙·가치들이 의문에 부쳐지고, 권위와 교육적 기준들이 흔들리고 있다. 오늘날 전통적 지표들이 동요하고 있는 것이다. 그런데 아이가 밝고 건강하게 자라기 위해서는 반드시 지표들이 주어져야 한다. 그렇지 못할 경우에 극단적인 태도로 기울어질 위험이 있기 때문이다.

교육심리학자이자 여러 저서의 저자이기도 한 장 뤽 오베르는, 아이들과 부모들에 대한 일상의 관찰에 힘입어 다음의 질문들에 대답하고 있다.

- 갓난아이, 어린아이, 청소년에게는 어떤 지표들이 반드시 필요한가?
- 아이를 과잉보호하지 않고 어떻게 안심시킬 수 있을까?
- 왜 다른 교육이 필요한가?
- 청소년기의 위기 앞에서 어떻게 반응해야 할까?
- 건전한 지표들과 불건전한 지표들을 어떻게 구별할 수 있을까?
- 무엇이 아이에게 강한 정체성을 부여하는 것일까?
- 쾌락과 관련된 지표들이 어떤 점에서 중요한가?
- 아이들은 신앙을 필요로 하는가?

본서는 부모들의 필독서로서, 그들에게 반성의 실마리 및 조언을 주어 자녀들이 절대적으로 필요로 하는 지표들을 제공할 수 있도록 한다. 그리하여 아동이 속박이나 염려스러운 불분명함 속에 방치되는 일 없이 교육을 통해 적절한 균형을 찾을 수 있도록 도와 준다. 또한 현재와 미래의 행복한 삶을 위한 성공의 조건들을 하나하나 제시해 나간다.

東文選 現代新書 108

딸에게 들려 주는 작은 철학

롤란트 시몬 셰퍼
안상원 옮김

★독일 청소년 저작상 수상(97)
★청소년을 위한 좋은 책(99, 한국간행물윤리위원회)

작은 철학이 큰사람을 만든다. 아이들과 철학을 이야기하는 것이 요즘 유행처럼 되었다. 아이들에게 철학을 감추지 않는 것, 그것은 분명히 옳은 일이다. 세계에 대한 어른들의 질문이나 아이들의 질문들은 종종 큰 차이가 없으며, 철학은 여기에 답을 줄 수 있다. 이 작은 책은 신중하고 재미있게, 그러면서도 주도면밀하게 철학의 질문들에 대답해 준다.

이 책의 저자 시몬 셰퍼 교수는 독일의 원로 철학자이다. 그가 원숙한 나이에 철학에 대한 깊은 이해를 가지고 자신의 딸이거나 손녀로 가정되고 있는 베레니케에게 대화하듯 철학 이야기를 들려 주고 있다. 만약 그 어려운 수수께끼를 설명한다면 어떻게 할 것인가를 모형적으로 제시하고 있다.
철학은 우리의 구체적인 삶과 멀리 떨어져 있는 삶이 아니다. 우리가 사용하고 있는 말이란 무엇이며, 안다는 것은 무엇인가. 세계와 자연, 사회와 도덕적 질서, 신과 인간의 의미는 무엇인가 등 철학적 사유의 본질적 테마들로 모두 아홉 개의 장으로 나누어 이야기하고 있다. 쉽게 서술되었지만 내용은 무게를 가지고 있어서 중·고등학생뿐만 아니라 대학생과 성인들에게 철학에 대한 평이한 길라잡이가 될 것이다.

자기를 다스리는 지혜

한인숙 (東文選 편집주간)

■ 500여 명의 성공인들이 털어놓은 증명된 지혜

흔히 사람들은 돈·명예·성공을 바라 마지않으면서 그것을 얻는 데에 필요한 지혜를 먼 곳에서만 찾으려 한다. 남보다 더 먼저 더 멀리 나아가야 더 많은 것을 얻을 수 있다고 생각한다. 그러나 알고 보면 그 지혜란 것은 의외로 가까운 우리 곁에 있다.

여기에 실린 글들은 모두가 이 시대 각 분야에서 나름대로의 성공을 거둔 이들의 입말에서 그 엑기스만을 가려뽑아 묶은 것들이다. 따라서 옛 시대의 공허한 논리가 아니고, 또한 금방이라도 떼돈을 벌어 줄 것만 같은 비아그라 같은 처방약도 아니다. 보통 사람이 감히 흉내낼 수 없는 고도의 전문적인 지식을 필요로 하는 그런 것은 더더욱 아니다. 오히려 누구나가 당장이라도 실천할 수 있는 극히 단순한 것들이며, 이미 그 **성공이 입증된 이 시대의 살아 있는 지혜**들이다.

본서는 1981년부터 지금까지 23년에 걸쳐 메모해 온 것들 중 여러 신문과 잡지들에 실린 수천 명의 성공한 인물, 혹은 화제의 인물들과의 인터뷰 속에서 철학이 담긴 말들을 엮은이가 가려뽑아 묶은 것이다. 학자, 사상가, 과학자, 재벌회장, 시인, 소설가, 종교인, 경영인, 음악인, 배우, 가수, 자원봉사자, 식당주인…… 등등 각 분야에서 나름대로의 성공을 거둔 이들의 **체험에서 우러나온 삶의 밑천이 된 진실된 '말 한마디'**를 모았다.

널리 알려진 위대한 성현들과 대학자들의 수많은 명언이나 격언들은 제외하였다. 대신 실제 체험에서 우러나온 살아 있는 입말들 중 이 시대에 그 효용이 확인된 말들만 가려 모은 것이다. **같은 말이라도 누가 했느냐에 따라 그 신뢰성과 현실감의 무게가 달라지기 때문**이다.